〔新版〕

国土が日本

Ohishi Hisakazu

大石久和

産経セレクト

S-025

新版のための序文

本書は「国土」の視点からの日本人論である。新版を出版するに際して、令和二（二〇二〇）年はじめから始まったわが国の新型コロナウイルス感染症への対応について国土の視点から考えてみたい。

コロナ騒動に対して、わが国も世界各国と同じように強制的な都市封鎖をするべきで、そのための法律を用意しなければならないという意見が政治家などから発せられたし、世論調査でもかなりの数の賛成者が存在することが明らかになった。

厳しい罰則を伴う封鎖をすれば、お願いベースの外出規制などよりもはるかに人の動きを制限することができるのは確実だ。しかし、そのためにはそれを行う民族に

「封鎖を必要とした歴史と経験」が不可欠で、それがなければできるものではないと考える。

コロナ禍の初期段階では、各国は海外からのウイルスの持ち込みを防ぐために、自国民の帰国者に二週間程度の移動制限を課していた。日本も同様の措置をとったが、制限確認が緩かったり罰則もなかったために、勝手に自宅に帰ってしまう人が出たりして「ゆるゆるの甘さだ」と批判された。

この時、他国の制限違反にかけた罰則の厳しさは日本人には到底受容することができないものであった。例えば、カナダでは「違反者には最大で五千万円以下の罰金、ないしは最長六カ月以下の禁固」というすさまじさだったのである。

日本人には受け入れ不可能な厳しさである。程度は違うが西欧各国は、同じように厳しい罰則付きの自宅謹慎を強制したのである。なぜ、それができたのか、なぜそれが日本ではできないのか。

「日本人だけ」が持たない歴史

さて、この問題認識を抱いたうえで、フランスの城塞都市カルカソンヌを紹介しよう。カルカソンヌは、現在はフランス領にあり、ピレネー山脈の少し北側の地中海と大西洋を結ぶ交通の要衝に立地した古い街である。

したがって、紀元前のローマ帝国の時代からここには要塞が造られてきたが、やがて城壁で囲まれた小さな都市に変貌していった。中世に城壁は二重城壁となって防御力を高めたのだが、やがてイスラムやサラセンとの戦いがなくなり、フランス領としてこの地域が安定してくると、歴史の流れから切り離され時間とともに朽ちていくこととなった。

一九世紀になると、この街に改造を加え観光化しようとする試みも出て、やがて城塞都市として観光の街となった。パリから随分と離れていることから、日本人はあまり行かないが、フランス人はモンサンミッシェルに次いで訪れる大観光地となっている。

この街の有名な由来の一つが、フランク王国のカール大帝が五年にもわたってこの街を取り囲んで攻撃したにもかかわらず落城しなかったために、大帝はあきらめて軍を引き上げて帰っていったというものである。

その時、この街を統治していたのは夫を亡くして未亡人となっていたカルカスという女性なのだが、彼女は城内の食べ物が果てようとしていた時に、城内にいたブタに穀物などを一杯与えておなかをパンパンに膨らませて城外に放り出したのだ。

するると、ブタのおなかが破裂してたくさんの食糧が飛び出したので、カール大帝は「こんなに食糧が残っているのなら、この城は落ちない」と判断して包囲を解いて帰ったという伝説である。カールの軍を見送ったカルカスは喜びの鐘を打ち鳴らしたので、カルカソンヌという街の名前となり、それは「カルカスが鐘を鳴らす」という意味だというのである。

ついでに補足すると、日本語でも「ヨーロッパ古城巡り」などといった書物が発刊されているが、筆者が見たものでは「カルカソンヌという街はどの方向から見ると美しい」などとは書かれているものの、こうした戦いの歴史には一切触れていなかった。これでは、彼らヨーロッパ人は都市には城壁が不可欠であると考えており、現に多くの戦いで城壁のおかげで長い籠城戦を戦い抜くことができたり、対応が不十分なために落城したりしたという歴史を学ぶことができない。

そして、同時にその経験の皆無が、世界常識から見ると日本人の安全保障概念をきわめてゆがんだものにしていることへの気付きが生まれないし、それではわざわざカルカソンヌに出かける意味がない。

さて、本題に戻ると、つまりカルカソンヌは五年間の都市封鎖を経験したのである。それに耐え抜くための、城内での秩序を維持するためのルールの確立、それを維持するための治安装置や問題解決の手段も持ち、公平性担保のための警察制度や裁判制度を持っていたと考えられるし、水や食糧の配分などについても不満が生じたり、それが爆発したりしないための仕組みも備えていたに違いない。

こうした経験を西洋人は、カルカソンヌだけでなく他の多くの都市でも、そして何度もしてきたのだ。つまりヨーロッパ人には、都市封鎖という経験が歴史の長い時間を通じて身にしみ込んでいるのである。その事情は、中国でも朝鮮半島でも変わらない。その経験がないのは、世界の文明国の中で「日本人だけ」なのである。

日本人だけが、歴史の長い過程のなかで一度も都市封鎖を経験しなかったのである。こう言うと日本でも籠城戦は何度もあったではないかとの反論があるだろうが、島原の乱での原城の経験などを別にすると城内には一般人はおらず、ほとんど兵士しかいなかったのだ。

公権力発動を拒否してきた日本

冒頭の都市封鎖論は、こうした民族の経験を踏まえてなされているとは到底考えられない。残念ながら、現在の選挙制度では、こうしたことに造詣が深く、知識ある議員はなかなか生まれそうにない。「日本人だけが都市封鎖経験を欠いている」という認識がないために「日本でも」などといった彼我の違いを理解できないで議論をすることになるのだ。

先述の城壁内では裁判制度を持っていたのではないかとの推測は、自民党衆議院議員の齋藤健氏が若い頃、『転落の歴史に何を見るか』（筑摩書房）という感銘深い著作を著したが、そのなかで次のような話を紹介していたからである。

先の戦争初期にフィリピンに侵攻した日本軍は、多くのイギリス人などを捕虜にしてマニラの大学に閉じ込めていたが、脱走などには注意していたものの捕虜の統治などにまったく無関心であった。すると、捕虜たちは秩序維持などのために必要な仕組みを自分たちでまたたく間に作り上げて見事な自治組織を整備し、また、そこには裁判制度もあり陪審員の指名までなされていたというのである。

戦争末期に日本軍人も多くが捕虜となったが、てんでバラバラの烏合の衆のままで捕虜としての共同体を構成できず、米軍におべっかを使ったり日本軍の機密をペラペラとしゃべったりするなどしたのとは大違いである。

もちろん、これには「生きて虜囚の辱めを受けず」と捕虜になることを禁止した（つまりは死ねということ）戦陣訓などという誤った戦争観があったことから、捕虜になることを日本軍人は「想定外」としたために捕虜後の行動規範をまったく持てていなかったことが大きい。

このことは、われわれ日本人の共同体の大きさが江戸時代の農村地帯での集落単位で閉じていてきわめて小さいことと、ユーラシアでは、例えばパリの最終城壁が総延長三四キロメートルもあったように広大な地域が一つの共同体だったこととの違いに由来する。顔見知りだけが共同体を構成した歴史の国と、お互い同じ共同体の一員なのだけれども一度も顔を見たことがない人びと同士が臨機に応じてチームを組んできた歴史の国との違いである。

これは実に大きな違いなのである。

以上に示してきた彼我の違いを理解するために、現在のフランス国歌の一部を紹介しよう。これは、フランス革命時に革命軍を鼓舞するために作られたといわれる。

「聞け　戦場にあふれるおびえた敵兵たちの叫びを
彼らは我らが陣地に攻め入り
子どもたちや妻の喉を掻ききろうとしている
市民たちよ　武器を取れ！
隊列を組め！
進め　進め
我らの地に奴らの穢れた血を降らせろ」（『国のうた』弓狩匡純、角川ソフィア文庫）

厳しい都市封鎖などを経験しないわれわれはこれを国歌とは到底認識できないが、フランス人にはこれが「国歌」なのだし、アメリカもイギリスも戦争が国歌の舞台となっている。

以上で明らかなように、都市封鎖には強制を受け入れる民族の経験が不可欠だが、それをやろうとすれば、秩序維持のための特別な配慮、円滑な物流の確保と維持が必要となるだけではなく、経済活動や市民生活や教育システムの維持など、広範囲で周到な準備が必要だ。しかし、日本人にそれができるか。

平成一三（二〇〇一）年の同時多発テロの際に、ユナイテッド航空九三便で偶然乗り合わせた乗客・乗員がみんなでテロ犯人と戦うという有機体を構成できたのだが、それはわれわれ日本人には絶対に不可能だ。先に示したマニラ大学での捕虜の話と同じなのだ。

七五年間も憲法に非常事態条項を欠いたままで平然としているわれわれ。昭和三四（一九五九）年に五〇〇〇人もの犠牲者を生んだ伊勢湾台風を契機に制定された昭和三六（一九六一）年の災害対策基本法の「災害緊急事態」の発動も、この法律に規定された「災害時の物価統制」も行えないわれわれ。

この基本法の「災害緊急事態」については、その布告が「国民の権利義務を大きく規制する非常に強い措置」であることから、内閣と国会との関係や、憲法の原則に対する例外を正当化できるのかなどとの議論が繰り返されてきた。

国会でも基本法改正のたびに緊急事態の取り扱いをめぐって質疑がなされてきたものの、この発動についての議論は収斂しないままとなっている。

伊勢湾台風災害のあまりにも大きな被害の前に、「災害緊急事態」を布告できるという強制規定を設けたものの、東日本大震災でもコロナでも発動せず、深まらない憲法論議の前でたじろいだままでいるというのが現状なのである。

つまり、われわれは強制的な公権力の発動をほとんど拒否してきたのであり、それが戦後の歴史だったのだ。コロナの今ならできるなどという保証などあるはずがないのである。

なぜ日本人はこれほどまでに公権力を嫌うのか。なぜ日本はこんなにも他国と異なるのか。

本書は、日本人が長い歴史の中で国土の自然条件から得た経験を他国と比較し、日本人の強みと弱みを解き明かしたものである。

令和三年一二月

大石久和

［新版］国土が日本人の謎を解く◎目次

新版のための序文

序　章　「日本人」は何を経験し何を経験しなかったか　19

「流れていく歴史」を持つ日本人／「人為の国」と「天為の国」／「変わること」を尊ぶ日本文化／「災害死史観」と「紛争死史観」という違い／日本人に理解できない正義の殺戮／何を経験し、何を経験しなかったか

第一章　歴史を動かした国土と災害・飢饉　41

災害集中期のある日本／『方丈記』と災害飢饉／「御成敗式目の制定」はなぜ一二三二年か／徳川吉宗はなぜ別格なのか／歴史を動かした天地鳴動

第二章　なぜ「日本人」は生まれたのか　71

日本の国土は他国とどう違うか／「日本人」を育んだ国土①不便な形――複

雑で長い海岸線と細長い弓状列島②一体で使いにくい――四島に分かれた国土の主要部分③分断される――脊梁山脈の縦貫④土砂・土石流災害が襲う――不安定な地質⑤可住地が分散――狭く少ない平野⑥近代的土地利用がしにくい――軟弱地盤上の都市⑦世界の大都市にない弱点――大地震の可能性⑧水を治めきれない――集中豪雨⑨建設コストが上がる――強風の常襲地帯⑩豪雪地に大人口――広大な積雪寒冷地域／一〇の厳しい条件が重なり合う日本／対馬海峡とドーバー海峡――位置的条件／「台風の通り道列島」と飢饉／黒潮の流れの中の「るつぼ」

第三章　なぜ日本人は世界の残酷さを理解できないか　109

世界の紛争と都市城壁／世界の大量虐殺スケール／フランス革命と日本人の感覚／日本に「市民」はいない／こうして「公」は発見された／城壁都市カルカソンヌに見る公益

第四章　なぜ日本人は権力を嫌うのか　129
分散した平野の小さな共同体／「権利」という言葉を持たなかった日本人／一つに溶け合う「共」を発見した／土地所有概念が革命的に変わった明治六年／「絶対的土地所有観」はなぜ生まれたか／チームを組めば大きな力を発揮する日本人／日本では「権力」が脇役／第一帰属への忠誠心／「ふるさと」と相互承認の場

第五章　なぜ日本人は中国人とここまで違うのか　153
中国は「権力」を発見した／広大な地域の支配が必要な中国／都市どころか国を壁で囲んだ理由／「暴力」という伝統を持つ地域／中国人が生き延びる術／「考える」と「感じる」の違い／官僚制と封建制

第六章　なぜ日本人には長期戦略がないと言われるか　171
「思考」を形造った大量虐殺／戦うための「言葉の発達」／情緒と感情の民／

日本人の弱みになっている「言葉」／寒々とした言論空間／「互いに譲り合うことが正しい」国／長期的視野と暫定的視野／なぜ「非常時モード」が欠如するのか

第七章　なぜ日本人はグローバル化の中で彷徨っているか　197

無理をした「個」の強要／砂粒になった日本人は弱い／共通の帰属を持たない集団／個人として立てるのか／日本人に合わない企業統治制度／労働の喜びを否定する業務委託／瑞穂の国の資本主義／大転換点となった一九九五年／ジョージ・ソロスの批判

おわりに　日本人の強みは集団力　231

本書は平成二七年発行の単行本『国土が日本人の謎を解く』（産経新聞出版）を元に、序文を加えた新版です。

装丁　神長文夫+柏田幸子
DTP製作　荒川典久
帯写真提供　産経新聞社
本文写真撮影　著者

序章　「日本人」は何を経験し何を経験しなかったか

「流れていく歴史」を持つ日本人

テレビの歴史番組などでは、「歴史は大河のようである」と説明することがあるように、われわれ日本人は、「歴史とは流れていくものである」と考えている。

まさに、『方丈記』(鴨長明著)の、

〈ゆく河の流れは絶えずして、しかももとの水にあらず。よどみに浮かぶうたかたは、かつ消えかつ結びて、久しくとどまりたるためしなし。世の中にある人とすみかと、またかくのごとし〉

という感覚なのである。ところが、ヨーロッパにはそのような感覚はない。

日本全国ほとんどの地域で起こりうる阪神淡路大震災級の地震は、一瞬にしてすべてのものを破壊する。長年かけて大事に保全してきた由緒ある建造物も、橋も港も、ほとんどが崩壊に至るか、機能不全に陥る。

また、東京、大阪、名古屋など大都市はすべて大河川の河口部に存在するから、気まぐれな豪雨によってヨーロッパの洪水などとの比較でいえば、瞬時にといってもいい速さで河川水位は上昇し、街のすべてが押し流されたり、床上にまで浸かったりする。

大災害を経ることで、この国では過去は現在や未来につながらない。努力の成果であったり、思い出深いものであったりする過去は、流れ去り崩れ去って現在に至らない。時間は災害とともに流れ去ってしまうのである。

ヨーロッパでは、ダ・ヴィンチ、ニュートン、ルソー、モーツァルトの生家が今も現地に姿をとどめているのに、わが国では彼らと同時代に活躍した人々の生家など、跡形もなく消失しており、現在は存在しない。

この国ではまさしく、うたかたはかつ消えかつ結びて、久しくとどまらないのだ。ところが、地震も台風やハリケーンの大風もなく、洪水もおとなしい彼らの国では、時間は積み重なっていくものであり、歴史は積み上がって街にあふれている。

一八五一年に、地球が自転していることを、ビジュアルに見せることに見事に成功したフーコーの振り子は、今もパリに建っている「あのパンテオンの中で」揺れていたのである。

あるのはそのパンテオンだけではない。現在のパリの市民は、一八五一年にはすでに存在していた、あふれるほどの建物の隣で暮らしていることを自覚しているのである。パリの街区割や多くの町並みは、この頃に活躍したナポレオン三世によるパリ改造の姿をほとんどそのままとどめているのである。

「流れる歴史」を持つ民族と「積み重なる歴史」を持つ民族の違いは大きい。きれいさっぱり流れてしまって、改めて造り直さなければならない民と、流したくとも積み重なってこびり付いているものの拘束から解放され得ない民の違いは大きい。積み重ねてきたものに拘束された世界からは、容易に「積み重ね」を大切にする文化が生まれる。

ヨーロッパの諸都市は第二次世界大戦の復興過程で、少なくとも表通りについては「昔の景観に戻す」ことを原則としたとのことであるし、ローマでは街中のほとんどの建物が建て替えは御法度で、ビルの設備が近代化していくときに、きわめて不便で不合理なのに、頑張って昔の建物を何とか使いこなしている。

光ファイバーを入れることなど想像もしていなかった時代の建物を、高速通信がなければ成り立たない現代企業に使わせるには、苦労も多いことだろうと同情を禁じ得ないが、イタリアではこの使いにくい首都にこだわって遷都論などあり得ないというのだから、なるほどわれわれと彼らはかなり違う。

ところがこちらは、いつかは流れ、いつかは崩壊する運命にある建物であるから、惜しげもなく建て替えて、良心の呵責にもおびえることもない。森鷗外は、明治にこの国は「普請中」であると形容したが、明治に限定した話ではないのだ。受け継ぎ、引き継ぐべき景観の意識もないから、東京などでは何年か経つと、ここはどこだろうと戸惑うほどに変貌を遂げることにもなる。

この違いは、善悪や価値の上下ではない。違いは違いとした認識が必要だということなのである。

「人為の国」と「天為の国」

「人為観」と「天為観」という差異もある。世の中の作用というものは、人が行うのか、自然が行うのかという認識の違いである。

ヨーロッパの国々は「人為の国」であるといっても過言ではない。つまり、人が何かしなければ、景観も何もかも一切変わらない。人が何かすることで初めて何かが変わるのである。ここでは、人が建てた建物は、人が壊さない限り壊れない、地震も起きなければ大洪水が押し流すこともほとんどないからである。

つまり、ヨーロッパではほとんどすべての建築物も自然も、人の手によらなければ、いささかも変化しないのである。日本では人が何もしなくても、地震によってすべて崩れてしまうが、その違いで考えてみるとわかりやすい。

したがって、西欧ではすべての出発点は人である。だからこそ、彼らは万物（ばんぶつ）を支配する存在として、人間を想定することができた。神が手ずから自分に似せて人をつくり、万物を支配するためにこの世に送ったという旧約聖書の理解につながっている。つまり、人は他の何にも替え難い特別な存在であるとの認識である。

そのような存在として人間を規定する感覚が彼らにはあるが、われわれにはないのである。わが国では洪水があれば、人も牛や馬、草や木とともに流され、地震では他のすべての存在とともに割れ目に落ちたり、津波にあったりするのであるから、「人間だけが特別な存在」であると主張することなど考えられないのである。

人間が木につかまって流れているその横には、われわれが家畜として飼っていた牛や馬、犬などが一緒に流れてしまい、また地震でがれきの下敷きになるときは、人間も犬も周辺の樹木もすべてがれきの下に入ってしまう。ここでは人間だけが偉いのだ、人間がすべてを支配しているといっても何の意味もない。そんなことをいっても「お前は牛と一緒に流れているではないか」「お前は犬と一緒にがれきの下にいるではな

写真1　シュトラスブールの大聖堂（著者撮影）

いか」というわけである。

ヨーロッパに旅行すると、都市の中の建物の壁のあちこちに人間の顔が貼りついていたり、人間の像があちこちに屹立している様子をみることができる。特に教会の入口には、人間の像や顔がぎっしりと埋め込まれている。この世を支配しているのはわれわれ人間なのだと、繰り返し私たちに刷り込ませようとしているように思えて仕方がない。場合によっては、うんざりするような気分になることもある。写真1は、フランス・シュトラスブールの大聖堂の写真である。沢山の人間像が教会の入り口に、これでもかと言わんばかりに貼り付いている。

しかし、日本では、人物像はいくつも建っているが、壁に顔が貼りつけられたり、一面すべてが人間の像で埋め尽くされているという建物はない。われわれはこの世を支配しているのは人間だと叫ぶことができないという経験をしてきているからである。これを「天為の国」と呼ぶのである。

天為の国とは何か。人が何もしなくても災害で周辺状況が変わってしまい、景観も変われば建物も消えるといった経験を何度もした人々の国である。ここでは人ではなく、自然が主人公である。

したがって、われわれは人間だけが特別な存在だとは考えない。草も木も動物たちも皆仏心（ぶっしん）があって、人間と同じように仏になるといったものの考え方を受け入れてきた。象徴的な言葉でいえば、「山川草木国土悉皆成仏（しっかいじょうぶつ）」といった考え方になる。

私たちの感覚は人間以外の生き物を大切にし、人間だけが卓越した存在なのだとは考えないという意味で、普遍的で世界的なものだと自信をもって言っていい。

具体的な証拠の一つが、動物の去勢である。牧畜がほとんど行われなかったわが国だが、われわれ日本人にも動物と接してきた長い歴史がある。たとえば、平安時代には牛にひかせて貴族などが乗る牛車というものがあった。これは、竹村公太郎氏が著作の中で書いているが、平安時代を描いた絵画の中には、牛が大暴れしていて、制御できなくなっている様子、つまり、牛が発情している姿が描かれているという。

われわれ日本人は牛の去勢ができなかったのである。動物をものとして考えることができずに、私たちと同じような存在として考えてきたから、去勢という最も残酷な行為を動物に対して施すことができなかった具体的な例なのである。

動物の去勢ができるようになったのは、江戸時代に入ってからだと言われている。それほどに、長い間、私たちは家畜として身近に置いている動物をわれわれと同じように扱ってきたという証拠であると思う。遊牧民族が去勢技術をもたずに、馬を使いこなせるはずがない。したがって、彼らは馬を戦闘や移動の道具として使うために、遠い昔から去勢の技術をもっていたのだが、それはわれわれとの大きな違いになっている。

人間だけが特別な存在ではないという私たちのこの感覚は、きわめてユニバーサルで重要な考え方なのではないか。われわれが誇りにすべきものの考え方なのではないかと考える。

「変わること」を尊ぶ日本文化

「ヨーロッパの国々は景観を大切にするから日本よりすぐれている」という間違った理解をする日本の評論家などがいるが、彼らの国は人が何か変えない限り何も変わらない。変えようとしない限り、まったく変化しないのである。

つまり、変わらないからこそ、変わらないことを大切にする文化が育ったわけであり、変わりもしないのに変わらないことを嘆く文化が育つはずがない。したがって、彼らには景観をきわめて大切にするという文化が育ったのである。

変わらないから変わらないことを大切にする西欧の文化とは逆に、わが国では変わってしまうから変わることを喜ぶ文化が育ったのである。

現在、東京やその他の大都市も、メインストリートも、頻繁に建物の建て替えが進んでいる。従前あった建物の外観をそのまま維持し、できるだけ保つようにするといった考え方は、一部には取り入れられているが、全体を貫く考え方にはなっていない。

つまり、われわれには、変わることを恐れない、何もしなくても変わってしまうからこそ、変わることを尊ばざるを得ないといった文化が育ったのである。

これは景観を大切にしない、ダメな民族であるということではない。彼らとわれわれが、単に違っているだけなのである。「変わることを尊ぶという文化をもっている」と考えなければ、伊勢神宮などの式年遷宮の意味を理解することはできない。

変わることを喜び尊ぶ文化やものの考え方が、新しいものに変わることによって神は新たな力を得て、私たちに新たな恵みをもたらしてくれるという考え方を育んだに違いない。

私たちの国以外でも、日本と同緯度の「温帯」にある国々では、同じように四季の変化が起こる。しかし、われわれは特に四季の変化が大好きな民族である。桜をこのように愛でるのも、長い冬を抜けて春の到来を喜ぶということもあるのだろうが、開花と花の散りが一瞬に起こる変化を愛し受け入れているからだと考える。秋の紅葉を大切にするというのも同じことである。

日本人が特に四季の変化を尊ぶ文化やものの考え方をもつように至ったのは、新しくなることを尊んできた考え方からきている。

ただここで特に留意すべきことがある。変化指向は「変化の瑣末化」への転落を必ず内包しているということである。「変化さえしていればそれでいい」と考える危険性を持っているということなのだ。

携帯電話でいえば、やたら機能を付加してすでに実用レベルを超えているのに「新発売」を謳いたがったりしていたから、スマホという発想を根幹から変える着想に行き着かない。

掃除機にしても、日本の会社も毎年新型を出しているはずなのに、ダイソンは日本で生まれなかったし、自動型のルンバも思いつかないのだ。根本のところから変化を考える、常に真の原点を求めそこから再出発することを厳しく意識化しておかなければ、必ず変化の「瑣末化の罠」にはまることになるのである。

「災害死史観」と「紛争死史観」という違い

もう一つの他国との感覚的な差異は「死生観」である。「死の受容」と「死の拒否」という感覚の違いがある。

自然災害で愛する者の死に出会った私たちは、その自然災害を恨みたいのだが、それは簡単にはできない。なぜなら、私たちの暮らしを支えている大地が大きく揺れ、大きく地割れをしたから、もたらされた死だからである。

また、普段は私たちに恵みをもたらしてくれる豊かな海が、突然盛り上がって津波となって、私たちの愛する者の死を招き入れたからである。三陸地方は大津波があったからといってその海を恨んでも、その海に頼って生活するしかないのであるから、恨みぬくことなどできるはずもない。地震もまた同様で、揺れて破壊された大地にもう一度私たちの暮らしを支えていただかなければならない。だから、私たちは死をあきらめと共に受け入れる民になったのである。そのことが死を拒否する他国との違いになっている。

彼らの死は紛争で殺された死であり、恨む相手がいない死とはかなり違うものである。愛する者は他人に殺されたのであるから、恨みを残して死んでいったに違いない。したがって、残された者は、死んでしまった愛する者のために、殺した相手を恨んで恨んで恨みぬき、そして殺した相手にいつかは復讐するという誓いを立てなければ、この死を受容できるはずがない。彼らの死の受け止め方は、論理的に考えて、そうならざるを得ない。

私たちの死は、普段は恵みをもたらしてくれる自然の気まぐれで死んでいったのだから、恨む相手がいないし、復讐のしようがない死である。これは、無理やりもたらされた死への怒りをぶつける対象がないという、本当に悲劇的な死の受容である。

この受け入れるしかないという厳しい死の受け止め方が私たちに、東日本大震災でも阪神淡路大震災の際にも、世界中の人々が驚愕するような、冷静な死の受け止め方と見えるような態度をもたらしたのである。この死はあきらめて受容するしかない、絶対的に悲しい死である。しかし、それこそが「災害死史観」をもつ私たちと、恨みぬいて復讐の誓いを立てることでその死を受容せざるを得ない「紛争死史観」をもつ彼らという違いを生んでいるのである。

中国などで災害が起こった際、体全体を打ち震わせながら、いつまでも大きな声で泣き続けている姿を見ることがある。それはその人が、今回の災害によって亡くなった愛する者の死を受け入れていないと訴えている姿なのである。「私はあなたの死を決して受け入れていない」と死んでいった人に見せている姿である。

彼らが死を受け入れることができるのは、「恨みぬくこと」と「復讐」を誓った時であるからだ。自然災害の際に示す彼らとわれわれとの姿の違いこそが、死の受容の仕方が異なっていることのあらわれである。われわれは死を受容せざるを得ないのに対して、彼らは死を拒否するのである。そして彼らの死は忘れてはならないものであるのに対し、われわれの死はできれば早く忘れたいものなのである。これが、私たちの宗教観にも大きな影響を与えている。

日本人に理解できない正義の殺戮

「西欧人には理解できても日本人には理解できない領域」があるとでも考えなければ、理解できないことがある。たとえば、「正義の実現のためには人命という犠牲を伴うことがあってもやむを得ない」という西欧人が持つ感覚はわれわれにはない。

理解しておかなければならないのは、旧約聖書はキリスト教、イスラム教、ユダヤ教の共通啓典だということである。世界の三大宗教（キリスト教、イスラム教、仏教）の二つもの宗教の基礎に旧約聖書があるということは、中東からヨーロッパ、アメリカの人々の考え方の大本に、ここに記載された物語の思想が埋め込まれているということなのだ。

特に、アメリカ人はイスラエルのカナンの地の征服の話や理念を、白人による北米大陸支配の論理に重ねてみる指向があって、旧約聖書を好んでいるといわれる。

ところが、信者でもない限り、多くの日本人がここに書かれた物語について知識を持っていない。ただ、パーツ的に「ノアの箱船」だとか、「十戒の授与」だとかを知っているだけの人がほとんどだ。

また、日本人の著作による『旧約聖書物語』といった書物も漫画を含め多く刊行されているが、これらには本来の聖書には書かれているが省略されている「場面」がある。それは、殺戮（さつりく）である。実際、旧約聖書は殺戮に充ち満ちており、後に詳しく紹介するマシュー・ホワイト氏（早川書房刊『殺戮の世界史　人類が犯した100の大罪』の著者）によると「旧約聖書においてユダヤの民がエジプトから出てきて今のイスラエルのカナンの土地、約束された土地に落ち着くまでに生じた紛争による死者数は、一二八万三〇〇〇人」（ホワイト氏のホームページ[Selected Death Tolls for Wars, Massacres and Atrocities Before the 20th Century]より）にもなるというのである。

以下の『旧約聖書』の話をどう感じられるだろうか。

――エジプトから逃れて約束の地に向かうため、モーセに率いられて移動するイスラエルの民の間に、モーセとその仲間に反逆する人々が現れた。彼らはモーセに「あなたたちは分を越えている」「主がおられるのに、なぜ会衆の上に立とうとするのか」「われわれに君臨したいのか」とせまったのである。モーセは激しく憤って、主に

「私は彼らから一頭のろばをも取ったことはなく、私は誰も苦しめたことはない」と訴えた。

主はモーセに「彼らの住まいの周りから離れるよう共同体に告げなさい」と命じ、それを受けてモーセは、反逆の首謀者たちに告げた（旧約聖書・民数記一六より意訳）。

続いて次のように書かれている。

〈モーセは言った。「主（しゅ）がわたしを遣（つか）わして、これらすべてのことをさせられたので、わたしが自分勝手にしたのではない。それは次のことで分かるであろう。もしこの者たちが人の普通の死に方で死に、人の普通の運命に会うならば、主がわたしを遣わされたのではない。だが、もし主が新しいことを創始（そうし）されて、大地（だいち）が口を開き、彼らが生きたまま陰府（よみ）に落ちるならば、この者たちが主をないがしろにしたことをあなたたちは知るであろう。」

こう語り終えるやいなや、彼らの足もとの大地が裂けた。地は口を開き、彼らとコラの仲間たち、その持ち物一切を、家もろとも呑み込んだ。彼らと彼らに属するものはすべて、生きたまま、陰府へ落ち、地がそれを覆った。彼らはこうして、会衆（かいしゅう）の間から滅び去った。彼らの周りにいた全イスラエルは、彼らの叫び声を聞いて、大地に呑み込まれることのないようにと言って逃げた。また火が主のもとから出て、香（こう）をささげた二百五十人を焼き尽くした〉（『聖書　新共同訳』日本聖書協会、二〇〇六年、改行は筆者による）

首謀者が地の裂け目に生きながら落ちていっただけでなく、その同調者までもが生きながらに焼き殺されたのだ。彼らは何をしたというのだろう。モーセの主導に疑問を唱えただけなのだ。

イスラエルの民は、神が示した約束の地に必ず到着しなければならない。そのためには、神が指名した指揮者に完全に従うことを厳然たる「正義」とする必要があり、その正義の貫徹がこの犠牲を必要としたのである。

また、ヨシュアがカナンの地に攻め入った時の状況は凄惨（せいさん）なものだった。マケダで五人の王の首を踏みつけた後、マケダを占領して住民を滅ぼし尽くして一人も残さず、リブナでも住民全員を殺害。ラキシュでも住民すべてを撃ち、全住民を一人残らず滅ぼした。

デビルでもネゲブやシェフェラなどでも「息のあるものをことごとく滅ぼし尽くした」と記し、これができたのは「主がイスラエルのために戦われたからである」というのである。

これらの物語は、われわれ日本人の心に「なるほど、その通りだ、やむを得ないことだったのだ」と、すとんと落ちるだろうか。

旧約聖書には、このような死の場面が満ちている。

神がその地を約束して与えたのだから、そこに今いる人々は全員抹殺してよろしいという話をわれわれは受け入れることができるだろうか。

これは、きわめて重要な認識の相違なのである。もちろん現代に抹殺など現実に許されるはずもない。しかし、彼らの考えの根底に「正義のためには許される殺戮があり得る」という観念が存在していることは疑いようがない。われわれがその外にいるのは確かだ。

これに力を入れて紹介してきたのは、これからは否応なく海外の人々とのつきあいが増えていくからである。「彼らとわれわれは同じ人間だからとことん話し合えばわかり合えるのだ」というユートピア的人間観では、間違って大損をしてしまうのはわれわれ日本人の側だからなのである。

西欧人は、その後も何度も正義を作り出してきた。「人は自由で平等であり、博愛に富むべき」という正義は、フランスで革命となり一五〇万人もの犠牲を生んだ。誰も反対できない正義を掲げて大衆を団結させ、大量虐殺を伴う紛争を繰り返してきたのが彼らの歴史だ。当方にはそのような経験は皆無だから、九・一一後のイラクに対するアメリカの行動などもすっと胸に落ちるようにはわかりはしない。

何を経験し、何を経験しなかったか

このように、経験の差をみてみると、われわれ日本人だけが、何か隔絶（かくぜつ）した経験の違いをもった民族だと考えられる。

その端的な証明の一つが、中国の周恩来首相との会談におけるキッシンジャー米大統領特別補佐官の〈率直な日本観を示す。これは米政府全体の見方ではないが、ホワイトハウスの代表的な見解だ。中国と日本を比較した場合、中国は伝統的に世界的な視野を持ち、日本は部族的な視野しか持っていない〉（「産経新聞」二〇〇二年八月六日、キッシンジャー・周恩来極秘会談録詳報）という一九七一年の発言である。

外交官として世界を飛び回ったキッシンジャーにあこがれを持つ日本人は多いが、彼の日本評価はこのようなものなのだ。彼が言うように、この辛（から）い評価は当時（だけのことではあるまい）のアメリカ大統領府のコンセンサスでもあったのである。

この経験の差がヨーロッパや中国（＝世界）とわれわれ日本を隔てる大きな壁になっている。感覚・感情においても、思考（ものの考え方）においても、両者の間に大きな懸隔（けんかく）を生んでいるのである。

私は長い間、国土交通省で「国土に働きかけて、国土から恵みをいただく」ためには何を行えばよいか、考え実践してきた。この国土への働きかけの歴史を、世界とわが国を見比べながら研究していると彼らとわれわれの経験の違いにたどり着いた。民族の経験が民族の個性を規定する。われわれ日本人は、何を経験し何を経験しなかったのか。それは、ヨーロッパや中国の人々とどう異なっているのか。

本書は主に国土の自然条件とそこでの経験から得たものという視点からまとめたものである。われわれは日本人であることを見つめ直し、「日本人をとりもどす」ことから再出発するしかないのではないか、というのが本書の執筆意図なのである。

第一章

歴史を動かした国土と災害・飢饉

災害集中期のある日本

わが国では繰り返し自然災害が起こってきた。また、時期によってはいろいろな大災害が集中する経験もしてきたのである。図表1は、有史以来の地震や噴火、津波などによる死者・行方不明者数の多いもの二一を並べたものである。関東大震災を筆頭に大変な数の死者が発生してきたが、最近の震災も多く、災害は決して過去のものではないことがよくわかる。

図表2（四五ページ）は、同様に風水害による死者・行方不明者数の多いものから二〇を示したものである。これも明治以降から戦後の災害が多く含まれている。

過去の災害集中期を整理してみたものが、図表3〜図表8（四七ページ〜五五ページ）である。東日本大震災では、この地震は貞観地震の再来ではないかとよく言われたが、貞観時代はそれ以外にも多くの災害があった集中期であったことがわかる。

最近の災害集中期は、太平洋戦争の敗戦前後である。大きな地震や台風が全国各地を襲い、多数の犠牲者が出たのである。アメリカ軍による非戦闘員に対する無差別な殺戮と都市の焼滅という大被害を受けた人々を大災害が無情にも襲っていったのである。

［図表1］**日本の自然災害死者数（地震・津波・火山編）**

順位	災害名	年	死者数（人） 行方不明者数
1	関東大震災（関東地震）	1923	105,000
2	明応地震	1498	41,000
3	鎌倉大地震	1293	23,000
4	明治三陸地震津波	1896	22,000
5	**東日本大震災**	**2011**	**21,565**※
6	宝永地震	1707	20,000
7	島原大変肥後迷惑	1792	15,000
8	八重山地震津波	1771	12,000
9	元禄地震	1703	10,000
10	善光寺地震	1847	8,174
11	安政江戸地震	1855	7,444
12	濃尾地震	1891	7,273
13	阪神淡路大震災	1995	6,437
14	福井地震	1948	3,769
15	会津大地震	1611	3,700
16	昭和三陸地震津波	1933	3,064
17	北丹後地震	1927	2,925
18	三河地震	1945	2,306
19	三陸沿岸および北海道東岸地震	1611	2,000〜5,000
20	安政東海地震	1854	2,000〜3,000
21	安政南海地震	1854	数千

※2014年3月10日現在。震災関連死含む
出典：理科年表（国立天文台編）、国土技術研究センター資料より作成

東京・首都圏に未曾有（みぞう）の水害をもたらしたカスリーン台風もあった。この災害を過去最大と想定してこれに対応できるよう河川などの整備をすすめているが、完成という水準にはまだほど遠いから、現在でも同規模の台風、豪雨があれば大きな水害が発生するといわれている。最近たまたまそのような水害に襲われていないに過ぎないとの認識が必要なのだ。

図表9（五七ページ）に示すように、年間に千人以上の死者行方不明者が生じた災害が、一九五九（昭和34）年の伊勢湾台風の後から一九九五（平成7）年の阪神淡路大震災まで生じていなかったことがわかる。

この三六年間にわが国は「奇跡の経済成長」を果たしたのであるが、その成功にはこの時期が大災害の空白期であったことも大きく寄与しているのである。わが国の高度経済成長期と、大自然災害の空白期とが重なっていたという指摘はほとんどなく、そのため、われわれは「大災害頻発国」に暮らしている意識が薄くなってしまったのではないかと心配である。

過去に何度も災害集中期があったということは、今後も必ず災害集中期を迎えるということを意味している。予測の難しい大災害に対して、いかに被害を少なくするよ

[図表2] 日本の自然災害死者数（風水害編）

順位	災害名	年	死者数（人） 行方不明者数
1	安政３年の大風災（関東ほか台風）	1856	100,000余
2	シーボルト台風	1828	10,000以上
3	寛保の洪水（関東・東山大暴雨）	1742	6,000
4	伊勢湾台風	1959	5,098
5	枕崎台風	1945	3,756
6	室戸台風	1934	3,036
7	戌の満水（千曲川洪水）	1742	2,800
8	大風雨・高潮（大阪湾）	1670	2,143
9	明治17年の風水害（岡山ほか台風）	1884	1,992
10	カスリーン台風	1947	1,930
11	洞爺丸台風	1954	1,761
12	明治26年の風水害（大分ほか台風）	1893	1,719
13	十津川大水害（台風）	1889	1,496
14	明治43年の洪水（関東大水害）	1910	1,357
15	東京湾台風	1917	1,324
16	暴風雨（島根）	1542	1,300
17	狩野川台風	1958	1,269
18	別子銅山を直撃した台風	1899	1,161
19	周防灘台風	1942	1,158
20	南紀豪雨	1953	1,124

注）台風は明治時代までは「大風」「暴風雨」「低気圧」「颶風」などと呼ばれた
出典：台風・気象災害全史（宮澤清治、日外アソシエーツ編）

うに備えておくのかということを、われわれの「生き方の作法」として暮らしの基本に据えておかなければならない。

大変な数の死者が生じてしまう自然災害は、地震や風水害だけではない。自然の揺らぎには、日照不足や低気温に加え、少雨・日照りもあり、これらもわれわれの生存に大きな影響を与えてきた。

図表10（五九ページ）は、記録の存在する大きな飢饉を示したものである。大昔から明治の初期まで繰り返し大きな飢饉に襲われてきた歴史があることがわかる。

飢饉関係の資料として有名な『日本凶荒史考』（西村真琴、吉川一郎編）では、古代から江戸時代までに、四八六件もの飢饉が目次立てされており、三年に一度の割合となっている。被害の大小や数え方にもよるが、数年に一度、あるいは毎年のように日本列島のどこかで発生していたといっても過言ではない。かつての日本列島は、災害・飢饉列島なのであった。

『方丈記』と災害飢饉

鴨長明が書いた『方丈記』は、日本人の心理や心象をよくあらわしたものとして、

[図表3] 災害史 貞観年間(859〜876年)

	発災日(西暦)	被災地域	被災状況
地震	863年7月10日	越中・越後	山崩れ、谷埋まり、水湧き、圧死多数、直江津付近の小島数島壊滅
	868年8月3日	兵庫南部・京都	播磨諸郡の官舎、寺院の堂塔ことごとく倒壊
	869年7月13日	三陸沿岸	三陸沖の巨大地震(貞観三陸地震)、城郭、門櫓など倒壊するもの無数、津波が多賀城下を襲う、溺死者1000人
風水害	860年6月29日	京都	長雨による大水
	860年10月7日	近畿諸国	京都に台風による洪水、諸国に高潮、死者多数
	862年5月8日	京都	大雨による洪水、道路遮断
	867年6月13日	河内	洪水、堤防決壊
	871年9月28日	京都	大雨による洪水
	872年8月12日	大和・因幡	台風による洪水、稲の被害
	873年9月12日	伊勢	豊受神宮の層門倒壊、殿舎と倉庫が流失
	874年10月12日 **京都大風雨**	京都	暴風雨で御所大被害、大小の橋梁残さず流失、京の集落では激しい水の流入、溺死者多数、3000軒以上が罹災

出典:理科年表(国立天文台編)、国土技術研究センター資料より作成

[図表4] 災害史 鎌倉時代(1274〜1317年)

	発災日(西暦)	被災地域	被災状況
地震	1293年5月27日 **鎌倉大地震**	鎌倉	建長寺炎上、死者最大23000人
	1317年2月24日	京都	清水寺出火、死者5人、5月まで余震続く
風水害	1274年11月26日	九州北部	文永の役の台風、筑前・肥前に大台風
	1280年6月21日	鎌倉・長谷	鎌倉洪水、溺死多し
	1281年8月23日	九州北部、近畿地方	弘安の役台風
	1286年7月	京都	京都洪水
	1287年6月20日〜7月18日	京都	京都洪水
	1302年8月10日	畿内	畿内洪水 木津橋、長谷寺一部流れる
	1303年7月13日	鎌倉	鎌倉洪水

出典:理科年表(国立天文台編)、国土技術研究センター資料より作成

各方面でたびたび引用されている。

冒頭の〈ゆく河の流れは絶えずして、しかももとの水にあらず。よどみに浮かぶうたかたは、かつ消えかつ結びて、久しくとどまりたるためしなし。世の中にある人とすみかと、またかくのごとし〉という名文は、われわれ日本人の死生観・歴史観を実にうまく表現している。

鴨長明がこういった感覚に至ったのは、自分自身がいくつもの「不思議」を経験したからであるが、それを『方丈記』の中で詳しく紹介している。

第一は「安元（一一七七年）の京の大火」である。炎が周辺を焼き尽くす様を実態をあらわすリアルな言葉で語っている。

第二は、治承四（一一八〇）年に体験した強烈なつむじ風である。周辺の建物が吹き飛ばされている様子を、驚きをもって書いている。何か凶事の前触れではないかといったような心配もしている。当時の知識からいえば、それも無碍（むげ）なることかなという気もする。

第三は、この時代（一一八〇年）に行われた平清盛による「福原遷都（せんと）」である。福原に遷都して、しばらくしてすぐにまた京に戻ってくるのであるが、福原遷都に伴っ

［図表5］**災害史　慶長年間(1596〜1614年)**

	発災日(西暦)	被災地域	被災状況
地震	1596年9月1日	豊後	高崎山など崩れる、神社拝殿など倒壊、大津波で別府湾沿岸被害、大分で家屋ほとんど流出、瓜生島の８割陥没、死者700人余
	1596年9月5日 **慶長伏見地震**	近畿	伏見城天守大破・城郭倒壊、女房侍女500人余圧死、諸寺・家屋倒壊多し、堺で死者600人余、奈良・大坂・神戸被害多数
	1605年2月3日 **慶長地震**	東海・南海・西海道	津波が犬吠崎から九州までの太平洋岸に襲来、八丈島・浜名湖・紀伊・阿波・土佐・室戸などで死者多数(同時型大地震といわれる)
	1611年9月27日 **会津大地震**	会津	会津若松城下で寺社・家屋の被害多数、死者3700人余、山崩れが会津川・只見川を閉塞、多数の沼出現
	1611年12月2日	三陸沿岸・北海道東岸	三陸地震、津波被害多し、伊達領内で死者1783人、南部・津軽で人馬死亡3000余、北海道東岸で溺死者多数
	1614年11月26日	京都	京都で家屋・社寺の倒壊多数
風水害	1596年7月14日	関東・甲信	100年来の大水との記録、関東・甲信各地で河川氾濫、江戸で荒川、入間川、古隅田川の洪水、浅草で死者300人
	1604年8月7日	土佐	強風被害多し、竹木根元から吹き折られ、家屋吹き飛ばされ、人の首を吹き飛ばすほどの風との記録、死亡・半死状態多数
	1612年9月26日	美濃・西日本	美濃の洪水・死者5000人、山陽から近畿に暴風雨、美作で吉井川の洪水・死者5000人

※慶長年間の風水害は、ここに書ききれないほどの数が記録されている。このわずか18年の間に、23の風水害の記録がある。

出典：理科年表(国立天文台編)、国土技術研究センター資料より作成

て、たちまちに京が荒(すさ)んでいく様子について、驚きを込めて書いている。世の中のうつろいゆく速さに、彼は心底驚いたのだった。

さて、彼が不思議と感じた経験の第四は「飢饉」である。これは今日、「養和(一一八一年)の飢饉」として歴史に残っているが、この飢饉によって、おびただしい餓死(がし)者が出る様子について、驚きと憐みをもって書き連ねている。

彼の文章は、実際に見聞きした人しか書けないきわめてリアリティに富んだものである。

京の町に腐臭が漂い、飢えて死んだ人間や馬などがあちこちに打ち伏せられ、鴨川の河原などにはそれが通行することができないほどに、積み上がっている様子が生々しく描かれている。

あるお坊さんが亡くなった人々の額に「阿」という字を書いて、仏との縁を結ばせようとしたという。書きながら人数をカウントしたら、四月五月の両月に「一条よりは南、九条よりは北、京極大路よりは西、朱雀大路よりは東」という限られた期間とエリアですら、死者数が四万二三〇〇人を超えたという凄まじさも記録している。

「京都でこのようなことであれば、日本全国どうなっていることであろう」とも記し

[図表6] 災害史　元禄年間(1688〜1703年)

	発災日(西暦)	被災地域	被災状況
地震	1694年6月19日	能代付近	死者394人、倒壊家屋1273戸、焼失859戸など、秋田・弘前でも被害、岩木山で岩石崩れ、硫黄平で火災発生
	1703年12月31日	豊後	府内(大分)山奥22カ村で全壊家屋273戸、半壊369戸、死者1人、油布院筋・大分領で家屋580戸全壊
	1703年12月31日 **元禄地震**	江戸・関東諸国	川崎から小田原までほとんど全滅、倒壊家屋8千戸以上、死者2300人以上、津波が犬吠崎から下田の沿岸を襲い、溺死者数千人
風水害	1688年6月12日	京都	洪水
	1690年9月16日	京都及び近畿	大雨による洪水、山崩れ
	1698年6月	越後平野	信濃川で洪水、水位1丈6尺(約4.85m) 河畔の各村の堤防ほとんど破壊
	1699年9月8日	諸国	北海道を除く全国各地で暴風雨、加賀地方で死者多数との記録、農作物が凶作となり、江戸の米不足が深刻化
	1701年7月25日	京都	98カ所で落雷被害、洪水で死者多数
	1702年8月21日	土佐	暴風雨による洪水、堤防決壊、高潮被害106000石以上
	1702年8月23日	松前	暴風雨による洪水、船子47人死亡
	1703年7月23日	松前	大雨による洪水、家屋流失、70戸以上が押し潰された

出典:理科年表(国立天文台編)、国土技術研究センター資料より作成

ている。

次の不思議は、「元暦二（一一八五）年の大地震」である。これも鴨長明ならではの現実感で記載されていて、「山は崩れて河を埋み、海は傾きて陸地をひたせり。土裂けて水湧き出で、巌割れて谷にまろび入る」などと、現在でいう液状化現象などもよく捉えていてリアリティがある。

これらの不思議が冒頭の彼の自然観につながっていき、それに広くわれわれが共感するのである。そしてそれがわれわれ日本人全体の心象や歴史感覚の基礎となっているのである。

これらは遷都を除けばほとんど自然に起因する現象である。われわれのものの考え方や感覚に、経験してきた災害や飢饉などが大きく影響しているということがよくわかる。

ところが、一般に歴史家や社会学者は、日本人の思想や思考、感情や感覚を説明するとき、わが国の自然条件が何をもたらしているのか、われわれ日本人が経験した災害や飢饉からどのような影響を受けてきたのかについて、ほとんど関心を示そうとしない。

[図表7] 災害史　安政年間(1854〜1859年)

	発災日(西暦)	被災地域	被災状況
地震	1854年7月9日 **安政伊賀地震**	伊賀・伊勢・大和および隣国	倒壊家屋数千戸、死者1500人以上、上野の北方(西南西ー東北東方向)で断層発生、南側1ｋｍの地域が最大1.5m相対的に沈下
	1854年12月23日 **安政東海地震**	東海・東山・南海道	津波が房総から土佐までの沿岸を襲う、家屋倒壊・焼失は約3万戸、死者は2000〜3000名との記録
	1854年12月24日 **安政南海地震**	畿内・東海・南海・山陰・山陽道など	津波被害(串本で15m、久礼で16m、種崎で11mなど)、紀州沿岸熊野以西の大半が流出、死者数千人
	1855年3月18日	飛騨白川・金沢	寺・家屋半壊(野谷村)、家屋2戸が山崩れのため全壊(保木脇村)、死者12人、金沢城で石垣など半壊
	1855年11月7日	遠州灘	前年の安政東海地震の最大余震、掛塚・下前野・袋井・掛川周辺がほぼ全滅、死者あり、津波発生
	1855年11月11日 **安政江戸大地震**	江戸および付近	地震後30余カ所から出火、焼失面積2.2k㎡、倒壊家屋1万4300戸、死者7400人
	1856年8月23日 **北海道大地震**	日高・胆振・渡島・津軽・南部	三陸・北海道で津波被害。南部藩で流出家屋93戸、倒壊家屋106戸、溺死者26人、八戸藩でも死者3人など
風水害	1856年9月 **安政3年の大風災**	関東一帯	江戸城の直近を巨大台風が通過、家屋倒壊多数、築地本願寺倒壊、高潮発生、品川・深川・本所で溺死者多数、全体で死者10万人

出典:理科年表(国立天文台編)、国土技術研究センター資料より作成

しかし、われわれが経験してきたことが、われわれを形作っているのは当然であり、私たちが暮らしてきた日本列島の国土の自然条件が、私たちの感情や思考を縛っているのも間違いないのである。

これらのことを除いて、日本人を理解することはできない。このことは、われわれと異なる経験をしてきている海外の人々について、関心を向けないという姿勢にもつながっており、つまりは日本人以外をも理解できないことになるのではないかと大変危惧している。

日本人は数千年にわたる歴史の中で、どのように自然の中で暮らし、どのような災害を経験してきたのかについて、詳しく理解しておくことは、日本人を知る上できわめて重要なことだと考えている。

「御成敗式目の制定」はなぜ一二三二年か

気象の変化が大きいために、日本人は自然災害に対して受け身であり、過去の経験を生かす意欲に欠けるといわれることがあるが、そんなことは決してない。われわれの祖先は現実を直視し、苦悩する中で、なんとか打開策を見出そうと模索し、予防策

[図表8]
災害史　太平洋戦争敗戦前後（1944〜1950年）

	発災日（西暦）	被災地域	被災状況
地震	1944年12月7日 **東南海地震**	東海道沖	死者・不明者1223人 全壊家屋17600戸 津波流出3100戸
	1945年1月13日 **三河地震**	愛知県南部	死者2306人 全壊家屋7200戸
	1946年12月21日 **南海地震**	南海道沖	死者1330人 全壊家屋11600戸 津波流出1450戸
	1948年6月28日 **福井地震**	福井平野	死者3769人 全壊家屋36000戸 焼失3900戸
風水害	1945年9月 **枕崎台風**	九州〜東北	死者・不明者3756人 全・半壊家屋・流出88000戸
	1947年9月 **カスリーン台風**	東海以北	死者・不明者1930人 全・半壊家屋・流出9300戸
	1948年9月 **アイオン台風**	四国〜東北 （特に岩手）	死者・不明者840人 全・半壊建物18000戸
	1949年8月 **ジュディス台風**	九州、四国	死者・不明者179人 全・半壊家屋・流出2560戸
	1949年8〜9月 **キティ台風**	中部〜北海道	死者・不明者160人 全・半壊家屋17200戸
	1950年9月 **ジェーン台風**	四国以北 （特に大阪）	死者・不明者503人 全・半壊家屋流出56100戸

出典：理科年表（国立天文台編）、国土技術研究センター資料より作成

を真剣に考え、行動を起こしてきたのだ。その歴史を述べていきたい。

田家康氏（独立行政法人農林漁業信用基金漁業部長、日本気象予報士会東京支部長）は、御成敗式目の制定経緯について次のように説明している（『気候で読み解く日本の歴史』日本経済新聞出版社）。

> 「寛喜の飢饉」に入って三年目の貞永元（一二三二）年四月、北条泰時がかねてから進めてきた御成敗式目の制定を正式に計画した。
>
> 寛喜の飢饉は史上最悪級の飢饉であったため、地頭による年貢の取り立ては著しく過酷なものとなり、不法行為が横行するようになっていた。不法行為が増すだけではなく、国司・地頭・御家人の間で、土地所有をめぐる争いも増加した。
>
> ところが訴訟を決裁する際に、以前に定められた法が少なく、時によって異なった判断がなされていることを問題視し、新たに法をつくることによって、訴訟の円滑化・判断の統一化をはかろうとしたのである。
>
> 八月一〇日、四カ月足らずで編纂作業は終了し、「五一箇条の御成敗式目」が制定された。御成敗式目は土地所有を中心とした判断を示しており、贈与・相続・没収といった点に詳しい。

［図表9］ 戦後の自然災害による死者・行方不明者数

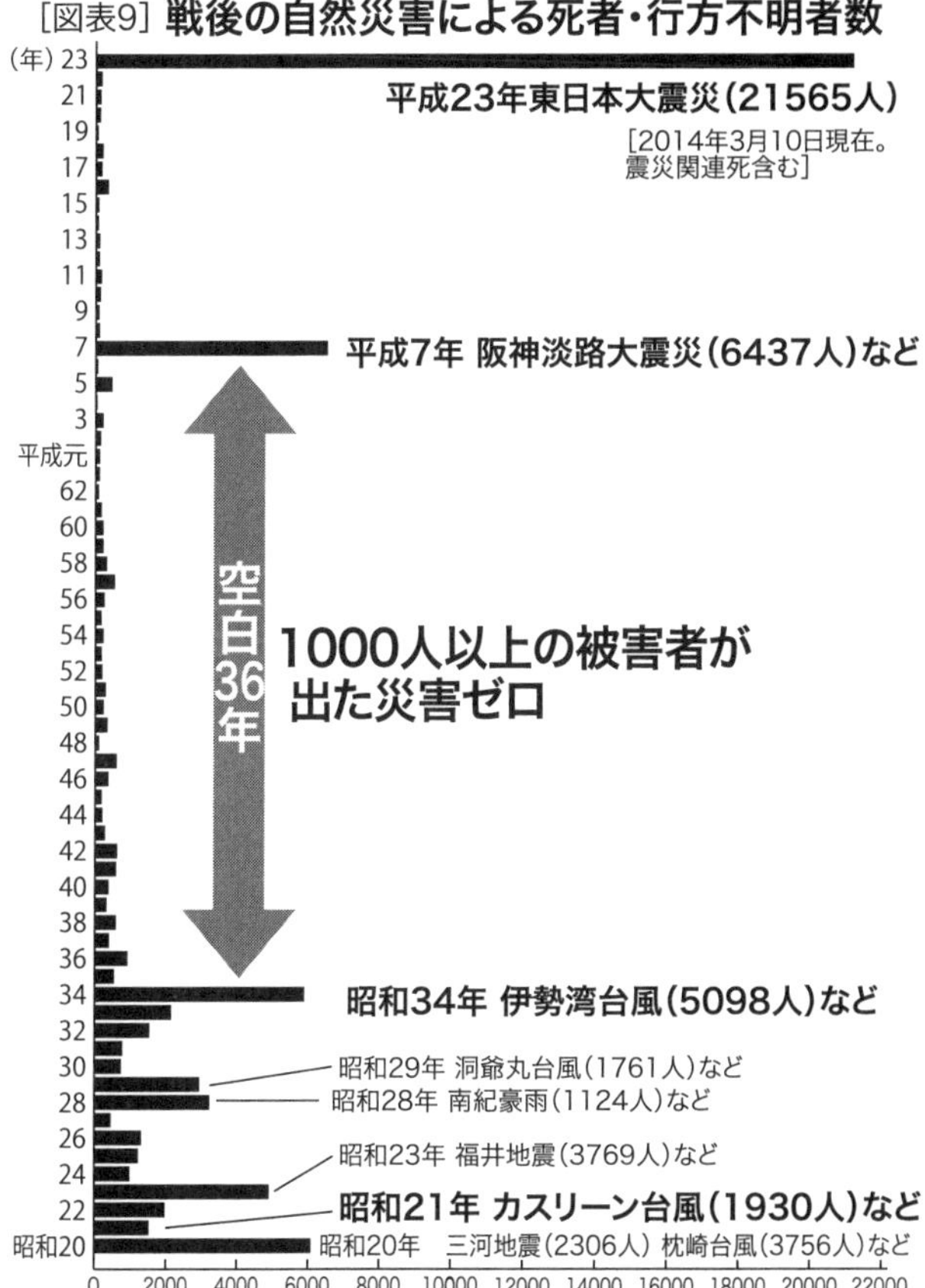

資料：昭和20年は主な災害による死者・行方不明者（理科年表による）。昭和21年〜27年は日本気象災害年報、昭和28年〜37年は警察庁資料、昭和38年以降は消防庁資料による。
注：平成7年の死者のうち、阪神淡路大震災の死者については、いわゆる関連死919人を含む（兵庫県資料）。平成23年の死者・行方不明者は内閣府取りまとめによる速報値（平成23年の死者・行方不明者のうち、東日本大震災については、警察庁資料「平成23年（2011年）東北地方太平洋沖地震の被害状況と警察措置」平成24年5月30日による）。

出典：「平成23年版 防災白書」を元に作成

歴史書は「一二三二年御成敗式目の制定」と書くが、御成敗式目を泰時がなぜこの時期にこのような内容で制定しなければならなかったのかについての記述がほとんどない。

身近な歴史書の説明を見てみよう。山川出版社の『詳説日本史研究』（佐藤信他編、二〇〇八年）は、式目の制定について次のように記している。

〈このころ、法典としては朝廷の律令格式（りつりょうきゃくしき）があったが、その内容を知る人はごく限られており、ほとんど空文化していた。武家社会においてその傾向はいっそう顕著で、武士たちは自らが育んできた慣習や道徳を重んじて日常生活を営み、また紛争を処理する規範としていた。

しかし、当時道理（どうり）と呼ばれたそうした慣習や道徳は、種々の事情に基づいて長い歳月を経て定着したものだけに、あるいは地域によって異なり、あるいは相互に矛盾して整合性をもたなかった。

そのため武士の土地支配が進展して所領問題が全国各地で頻発するようになると、漠然と道理にしたがうというだけでは、紛争を解決することが困難になっていった。争いが武士と荘園領主との間に起こった場合はとくに難しく、幕府は明確な判断の基

準を定める必要に迫られた〉（改行は筆者による）

こう記述して、「そこで泰時は、１２３２（貞永元）年、武家の根本法典として、御成敗式目を定めた」という説明をしている。

しかし、なぜそれが貞永元年でなければならなかったのかや、なぜ土地をめぐる規定が多いのかについては、あまり説明がない。

ところで鎌倉幕府の成立については近年いろいろと説が唱えられている。

[図表10] **飢饉の歴史**　(年)

763(天平宝字7)
812(弘仁3)
814(弘仁5)
847(承和14)
862(貞観4)
879(元慶3)
942(天慶5)
1135(保延1)
1180～82(治承・養和)
1230～32(寛喜・貞永)＊1
1257～59(正嘉・正元)
1420～21(応永)
1460～61(寛正)
1539～40(天文)
1582～84(天正)
1641～43(寛永)
1695～96(元禄)
1732～33(享保)＊2
1755～56(宝暦)
1783～84(天明)＊2
1833～39(天保)＊2
1866(慶応2)

＊1史上最悪だったといわれる。御成敗式目制定の契機となる
＊2これらは江戸時代の三大飢饉といわれる

一一八〇年　頼朝が鎌倉に居を構えたとき
一一八三年　頼朝の東国支配が朝廷から事実上の承認を受けたとき
一一八五年　守護・地頭の任命権を獲得したとき
一一九二年　頼朝が征夷大将軍に任じられたとき

どの説を採っても、一二三二年、貞永元年は幕府の成立からずいぶんと時間が経っている。頼朝が鎌倉を本拠としてからでは五〇年も経っているし、一二二一年の後鳥羽(ごとば)上皇による承久(じょうきゅう)の乱に勝利し、執権政治が確立してからでも一〇年は経過している。なぜ、政治権力を確立した直後の最も力のあるときに、武家支配のための基本法典を制定しなかったのだろう。

『詳説』は何も説明していないが、実は貞永の頃は飢饉が相次いだ時代であった。貞永の前の年号は寛喜であるが、この年号・寛喜は一二二八（安貞二）年頃からの飢饉を忌み嫌って、安貞(あんてい)から一二二九年に改元されたものだった。

ところが、寛喜と改元したにもかかわらず、一二三〇年にも天候不順が続き、夏でも冬のような気温となったり、洪水、暴風雨などが各地で発生した。おまけにこの冬は暖冬となったから作付けにも影響した。

こうして、「天下の人種三分の一失す」という日本史上最大級の大飢饉となったのが、今日「寛喜の飢饉」と言われるものなのである。京や鎌倉には流人があふれ、町中に死人が累々とする有様だったという公家の記録などが多く残っている。

当然、御家人の年貢の取り立ては厳しくなって耕作人との争いは増えるし、土地の所有権や耕作権をめぐる紛争も頻発することになったのである。「武家の土地支配が進展して（だからあたかも自動的に）所領問題が頻発した」のではないのだ。この時期に土地に関する紛議が頻発するには大飢饉の発生という理由があったのである。

ところが『詳説』には、不思議なことにこの人口の三分の一を失ったのではないかと記録されている飢饉の記述がまったくないのである。泰時が天才である所以は、この土地をめぐる紛議が多発して社会が騒然とすれば、土地中心の封建制時代にあってはやがて幕府が危うくなると見通したことなのだ。

だからこそ、この時期に社会を統べるルールを制定しなければならなかったのである。そもそも武家の土地支配が進展することで所領問題が頻発するようでは、そんな政権は長続きするはずもない。『詳説』の理解は間違いなのだ。

この飢饉を含む自然災害が頻発した時代を経たからこそ、鎌倉仏教と言われる新しい仏教思想が民衆に浸透していったのである。法然、親鸞（しんらん）、一遍、栄西、道元、日蓮などの活躍は、これらの飢饉・災害で苦しむ民衆救済の思想が生み出した必然だったのだが、『詳説』のような記述だけでは、これに対する気付きも生まれはしない。

徳川吉宗はなぜ別格なのか

八代将軍徳川吉宗は、ＮＨＫの大河ドラマで取り上げられたりして、一五代にわたる各将軍の中でも、初代の家康、最後の慶喜（よしのぶ）、犬公方（いぬくぼう）としてや赤穂（あこう）事件をめぐって有名な綱吉などと並ぶか、それ以上によく知られている将軍である。享保（きょうほう）の改革を実行したとか、目安箱の設置、大岡越前守忠相（えちぜんのかみただすけ）の登用、上米の制の導入など多くの話題にも富んでいる。

紀州藩の中でも、藩主となるべき地位からずっと遠いところにいた吉宗がめぐり合わせよく紀州藩主となり、さらに運良く将軍にまで上り詰めるという彼の人生双六（すごろく）は、秀吉の生涯などと同様に、われわれに大いなる爽快感を与えてくれるのである。

しかし、多くの人々に親しまれている吉宗であるが、実は大きな謎がある。初代将軍家康の子供たち、それも晩年に生まれた子供たちは、それぞれ御三家（尾張・紀州・

水戸）として、宗家将軍家に家督問題があれば、将軍家を継承する特別の権利が認められていた。現代の企業でも、創業者の子供が跡を継ぐことは珍しいことではないから、大名の血筋を大切にする当時の常識からいえば、創業者の子供たちにのみ許された特権として、御三家の特権は受け入れられて当然と思われる。現に、吉宗は紀州藩主であるが故に将軍職を継いだのだ。

しかし、なぜ吉宗の系統のみが、田安家・一橋家・清水家からなる御三卿を起こし、この血筋からも将軍職を継ぐことができるようになったのか。吉宗以外の歴代将軍も、人情として考えれば、複数の子供がいるときには、直系以外にも将軍の可能性を残したいと思っただろうに、なぜ吉宗だけが唯一そのようなことができたのか。

吉宗の意志だけで、このようなことができるわけがない。御三家をはじめとする大名たちの間で、「あの吉宗の系統なら仕方がない」と思わせる雰囲気が存在し、それこそ時代の空気が容認したに違いない。

それはなぜか。何が他の歴代将軍と違うのか。いや、彼は歴代将軍とは何が違うのだと、皆に思わせたのか。目安箱の設置ぐらいでこれが可能になるはずもない。これに日本史学は明快な説明を与えていないのではないか。説明仮説の提出すらないのではないか。

私の知る限り、これに仮説の提出ができているのは、東京大学大学院の数物系を修了して、科学についての啓蒙活動を続けてきた板倉聖宣(きよのぶ)氏のみである（『日本史再発見　理系の視点から』朝日選書）。

板倉氏は次のように言う。江戸時代になって順調に増加してきた総人口は、一七二〇年頃をピークに減少に転じ始める。それと同時に天領はじめ各藩の年貢収入も減少に転じた。農村人口の停滞が年貢収入を減らしてしまうことに、吉宗が気づいたと思われる。そこで幕府により初めての全国的な人口調査が一七二一年に実施され、総人口二六〇六万人が記録された。その後とぎれることもあったが、ほぼ六年ごとに全国的人口調査が実施されていった。秀吉が経済の基礎は農地にあるとの認識で、全国的な検地を行ったのに対し、吉宗は人口の重要性に気づき、世界的にもまれな例となる総人口調査を初めて行ったのである。

さらに、吉宗は新田開発を奨励したことでも有名なのであるが、新田開発は、むしろ吉宗以前の時代の方が活発になされており、吉宗の時代には当時の技術力で開発できる適地は、ほとんどなくなっていたとみられる。それは、その後江戸時代のあいだ耕地はほとんど拡大しなかったことでも明らかである。

逆に、吉宗の評価としては、一七二〇年の「新田開発するもよきことなれども、古き田畝、または秣の妨げとなる開墾なすべからず」との命令が重要である。新田開発と称して旧田から用水を奪ったりすることによる弊害が生じ、新田開発の免租を求めて旧田を荒廃させせかえって年貢が少なくなる事態が目立ち始めた。実質、吉宗の時代以降、耕地開発はほとんどストップしたのである。

そしてこの頃から、「いま諸物たらざるものもなければ、このうえ新しき製造あるべからず」と何事も新規のものを工夫・製造することを禁止したのである。『徳川実紀』によれば、都合七回も新規禁止令が出されている。農業などの生産が拡大し、人口も急増した一六〇〇年代末の元禄バブルによる物価上昇には、米の価格にのみ依存する武家の危機感があったに違いない。

時代の歯車を止めようとする必死の吉宗が目に浮かぶではないか。

その努力の方向が同時代人の武家に受け入れられたのであろう。しかし、耕地開発が止まり、地域の農民に開発費用として支出されていた米や現金が、江戸や大坂に回って賃金収入がとぎれたことから、さらに働かなければ生活が維持できず、ちょっとした天候不順で大きく人口を減らすことにもなり、これ以降、特に関東以北の諸藩は人口の維持に懸命となった。

武家の生存のためにはやむを得なかった吉宗の施策は、その後、徳川が一五代まで続くのに大きく寄与したのであるが、特に関東以北の諸藩の農民は、天候不順などに苦しみ、人口は大幅に減少していったのである。

歴史を動かした天地鳴動

天璋院篤姫（てんしょういんあつひめ）が将軍家定の正室となった安政期前後は、勤王だ佐幕だとか、開国だ攘夷だ、安政の大獄や桜田門外の変など、政治的に騒然としていたのだが、実は自然災害も歴史上まれに見る集中期だったのである。ところが、ドラマや歴史書はこの事実の重みや影響についてほとんど触れていない。

篤姫の行動と自然災害などとを重ねてみよう。

《篤姫の動き》

一八五三年　篤姫と改め、鹿児島から江戸へ
一八五六年　近衛家の養女となり、一一月結納、一二月婚礼

一八五八年　家定死去、天璋院と号す

《自然災害などの発生》

一八五三年　関東小田原で地震・倒壊家屋一〇〇〇戸、死者二三名

一八五四（安政元）年　伊勢伊賀で地震・倒壊家屋数千戸、死者一五〇〇名以上

一八五四年一二月二三日　安政東海地震・倒壊焼失家屋三万戸、死者二〇〇〇～三〇〇〇名

一八五四年一二月二四日　安政南海地震・死者数千名、室戸一メートル隆起、高知一メートル沈下

一八五五年　遠州灘で地震・掛川ほぼ全滅

一八五五年一一月一一日　安政江戸大地震・倒壊家屋一四三〇〇戸、死者七四〇〇名

一八五六年　北海道で大地震・三陸、北海道で津波被害

一八五六年九月　江戸大風災・家屋倒壊数知れず、高潮で溺死、築地本願寺倒壊、死者一〇万名

一八五八年　コレラ大流行・死者三万名

国論が割れて沸騰（ふっとう）した時代の背景の最も基本のところに、この天地が鳴動したことがあるに違いない。篤姫が婚儀を行うわずか二〜三カ月前には、数多い門徒衆のシンボルであった築地の本願寺が烈風で崩壊しているのだ。

江戸衆たちは大きな不安の中で暮らしていたに違いない。目安箱を置くほどに大衆の動向に敏感であった徳川の為政者たちがこの雰囲気を感じ取っていないはずがない。将軍が情緒不安定になるのも当然だ。

知識がなければ世の中は「見えない」ものだ。知るべき事実とは何かにきわめて鈍感な風潮ができあがっているが、それでは何も理解できないと知らなければならない。原作ではかなり触れられていた自然災害が大河ドラマ『篤姫』ではほとんど無視されていた。これでは、なぜ武家の長い時代が終わらなければならないと民衆は感じたのかが伝わってこない。

薩摩や長州、また坂本龍馬や西郷隆盛が時代を動かしたのではない。時代の変化を求める大衆のエネルギーが、両藩などを動かし英雄に働き場所を与えたのだ。長州の周防では、一七二一年に比べ幕末期には六〇％もの人口増があったし、薩摩の薩摩地方でも同程度の人口増を記録した。

農業生産を改革して「国勢」を大幅に増大させたこれらの地域は、幕藩体制の枠組みが窮屈に感じられるものになっており、この殻を打ち破ってもっと自由に発展したいと考えもし、それができる自信も生まれていたであろう。

一方、下野(しもつけ)や東北地方の各藩では、吉宗の時期に比べて大幅に人口が減少していたのである。長州や薩摩のように独り立ちして存分に経済発展をしたいと思えるような状況ではなかったのだ。何とか現体制にしがみついていくしかないというのがこれらの地方の雰囲気であった。歴史書にはこの説明もほとんどないのは不思議な話である。

第二章

なぜ「日本人」は生まれたのか

日本の国土は他国とどう違うか

日本に住む日本人のほとんどは、この日本国土に生まれ、その環境の下で育ってきた。われわれの長い歴史は、この国土の上で展開してきたのである。

したがって、この国土のもつ自然条件は、日本人の感性や自然観、あるいは社会観を育んできたし、私たちの思想をも育ててきたとも言える。

また同時に、この日本国土の上で、私たちが経験した自然災害や飢饉やそれに対するわれわれの処し方が、日本人の思考の型を育んだことも間違いない。

そのため、まず、わが国の自然条件について、理解を深めたいと思う。

ところで、われわれが暮らしている国土の自然条件については、われわれは十分に理解しているつもりである。しかし、日本の国土だけを対象に勉強したのでは、理解していることにはならないのである。

これは、認識の第一歩とでもいうべきことだが、わが国土の自然条件の特徴を理解するには、わが国以外の自然条件についての知識がなければならない。

そういった視点で、わが国が経済的に競争しているヨーロッパの中心部やあるいは北アメリカ・中国の中原部あたりとの比較の中で、わが国の国土条件の特徴を列記してみると、彼らにはないいくつもの厳しい自然条件が私たちに与えられているということがわかったのである。

こういった認識をもたなければならないと考えたのは、国土計画の議論に参加したときが最初であった。かつて国土庁では、今後、人口が減少していく時代が来ると、それぞれの地域でいろいろな施設をそろえるというような考え方を捨てて、地域と地域がお互いに主体性をもって連携して相互に利用しあっていかなければ、時代を乗り切ることはできないと考え、「地域連携」をいかに図っていくかを研究し始めていた。広域的に地域と地域の連携を考え、お互いがそれらを使い合っていかなければならないと考えたのである。

地域と地域が連携するためには、それぞれの地域が交通や情報通信で結ばれていなければならないが、わが国ではそれには多額の費用がかかる。それを理解してもらうためには、私たちの国と私たち以外の国とでは、地域間を連絡する厳しさがどれだけ異なっているのかが説明できなければならない。

たとえば、大学間での研究連携を考えると、人と人とが会って話ができるための交通の条件と、研究成果を共有したり、交換したりする情報通信の条件が整わなければ、連携した共同研究はできない。

この連携という考え方には、お互いが主体性をもっていることが重要な要素として含まれていることが、交流という概念を超えるポイントになるのだが、それは近隣同士だけではなく、広域的な地域と地域とのつながり合いも含んでいる。

地域がつながり合っているということは、相互が交通や情報通信で結ばれていることを意味しているから、広域的な交通や通信のネットワークが国土の上に用意されていなければならない。そう考えたときに、わが国での広域的な連携の難しさを理解してもらうためには、ヨーロッパなどとの国土条件の比較が必要だと考えたのだった。

さらにもう一度、国土条件を他国と比較して理解することが重要だと考えたきっかけがあった。道路政策の責任者だったとき、わが国の道路は海外に比して、キロメートルあたりの建設費用が高すぎるとよく批判された。財政が厳しいとして、公共事業批判が始まり、その象徴的存在として道路は見られていたから、財源問題を含め、道路バッシングが始まったのである。

地震がある国とない国、地盤が軟弱な国と強固な国、橋を多く架けなければならない国とほとんどがわずかな盛土や切り土ですむ国とでは、まったくかかる費用も異なるのに、そのようなことには何の理解もないままに、バッシングばかりが続いた。そこで、国土の自然条件の厳しさを、主要国との比較によって人々に理解してもらわなければならないと考えたのである。

そうして研究してみると、一〇ほども厳しい特徴が浮かび上がってきたのである。感覚的にわかり易い特徴からあげてみよう。

「日本人」を育んだ国土

①不便な形――複雑で長い海岸線と細長い弓状列島

まず第一の特徴は、わが国は、複雑で長い海岸線をもつ細長い弓状列島だということである。図表11（七七ページ）は、日本をヨーロッパの中心部に重ねたものである。細長い特徴がよく理解できる。

日本列島はその最大幅は二五〇キロ程度しかないが、列島の東北端から南西端までの距離は直線距離でいっても三三〇〇キロに達するきわめて細長い地形をしている。

このことは、地域間で連携するにしても、農産物や工業生産物を移送するにしても、きわめて長い距離を克服しなければ、それができないことをあらわしている。これはフランスやドイツ・アメリカ・中国といった国が、かなり円に近い形をしているのとは大きな違いである。

これらの国では中心部に拠点を置けば、全土の各地と放射状に結ぶことでつながり合うことができる。だから、フランスでは国土の中心にあるパリの空港が、ドイツではフランクフルトの空港が、アメリカではシカゴやアトランタの空港が、それぞれハブ空港になり得ているのである。ところが、わが国ではそうはいかないのである。

また、日本の海岸線の延長はアメリカを超えるといわれているが、このことは海岸線がきわめて複雑であることを示している。

陸は海にせり出し、海は陸にくい込んでいる。これは白砂青松（はくしゃせいしょう）と称する美しい海岸風景を生んでいるのだが、同時に、ここに交通路を整備しようとすると、三陸海岸の国道四五号や紀伊半島の国道四二号のようにカーブだらけの道路となってしまい、快適な速度で走ることができないという生活上の不便を生んでいる。

②一体で使いにくい――四島に分かれた国土の主要部分

二番目に、国土の主要部だけでも四島に分かれていて、加えてそれに沖縄諸島など

［図表11］**日本とヨーロッパの国土の大きさの違い**

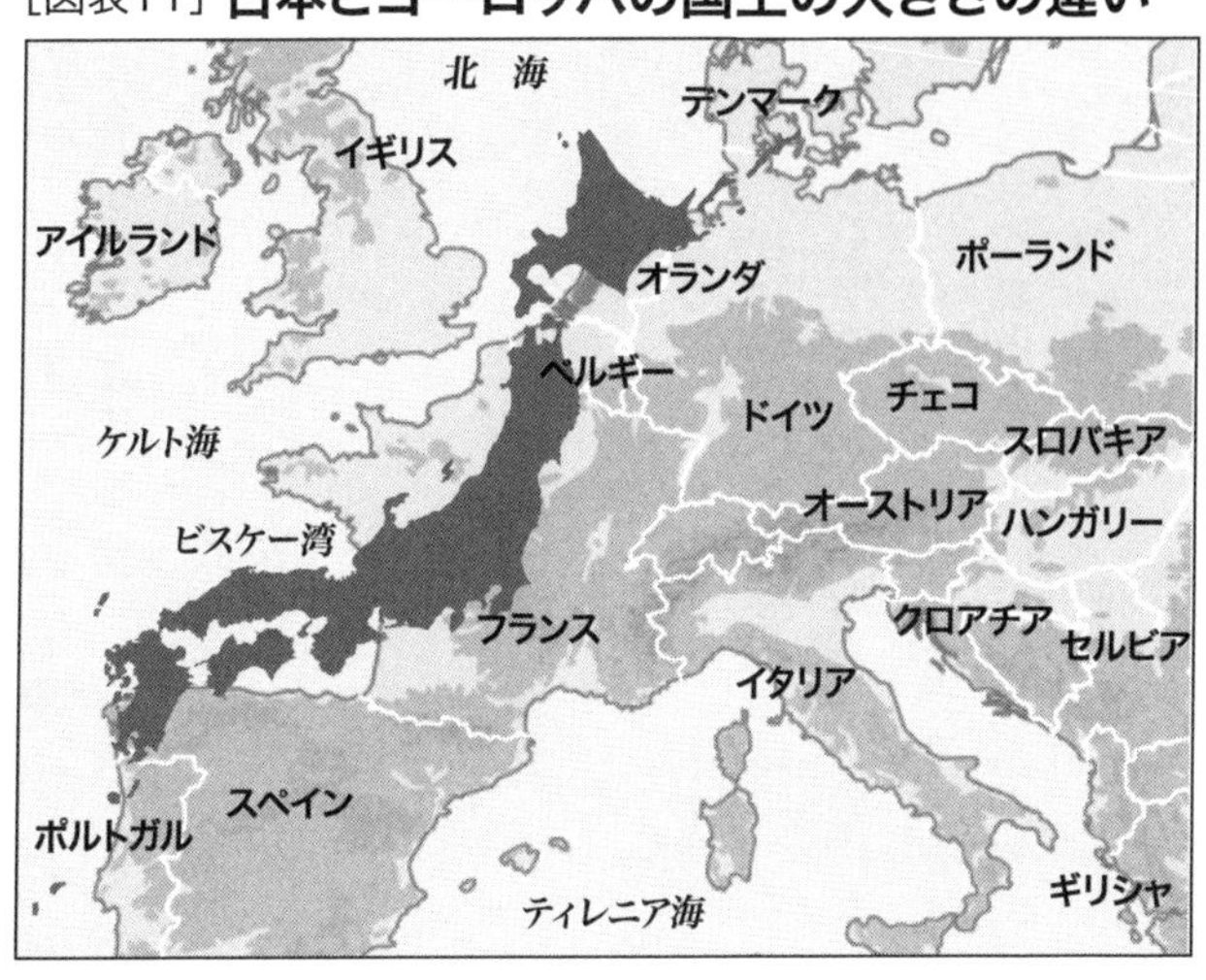

の数多い島嶼部をもっているという特徴がある。まず本州と九州との間には一九四四年に関門トンネルが完成したが、四島全体を結んで一体的に使えるようになったのは、現代（一九八八年）に至ってからになる。青森・函館間の青函トンネルによって北海道が本州と結ばれ、本四道路の瀬戸中央自動車道が児島・坂出間に完成して、四国と本州がつながることによって、やっとわが国は一体的な利用を成し遂げることができたのである。

国土全体を一体的に利用して、全国的な物流・人流・商流の網を整備するには、世界最長の海底トンネルを掘ったり、大径間(けいかん)のつり橋を開発するなど大変な苦労が必要だった。

これもヨーロッパ諸国や中国・アメリカなどがこういった努力をすることなく、国土を一体的に使えるのに比べて、きわめて厳しい条件をわれわれに突きつけているのである。

③分断される——脊梁山脈の縦貫

第三の特徴は、国土を一〇〇〇~三〇〇〇メートルという標高の高い脊梁(せきりょう)山脈が縦貫しているということである。このことが、いくつもの重大で困難な自然条件をわれわれに突きつけている。図表12は、日本とフランスを等縮尺地図で示し、そのうえに主要河川を描いたものである。この図から読みとれることは多いが、まずわが国の脊梁山脈がきわだった存在であることがわかる。

さらにそこから、一つには、日本の河川はほとんどが、この脊梁山脈から発しているため、きわめて短く、急流河川になっていること、二つには国土を南北や東西に完全に分断し、日本海側と太平洋側を鉄道や道路によって結ぶことを、きわめて困難に

［図表12］日本とフランスにおける河川の状況

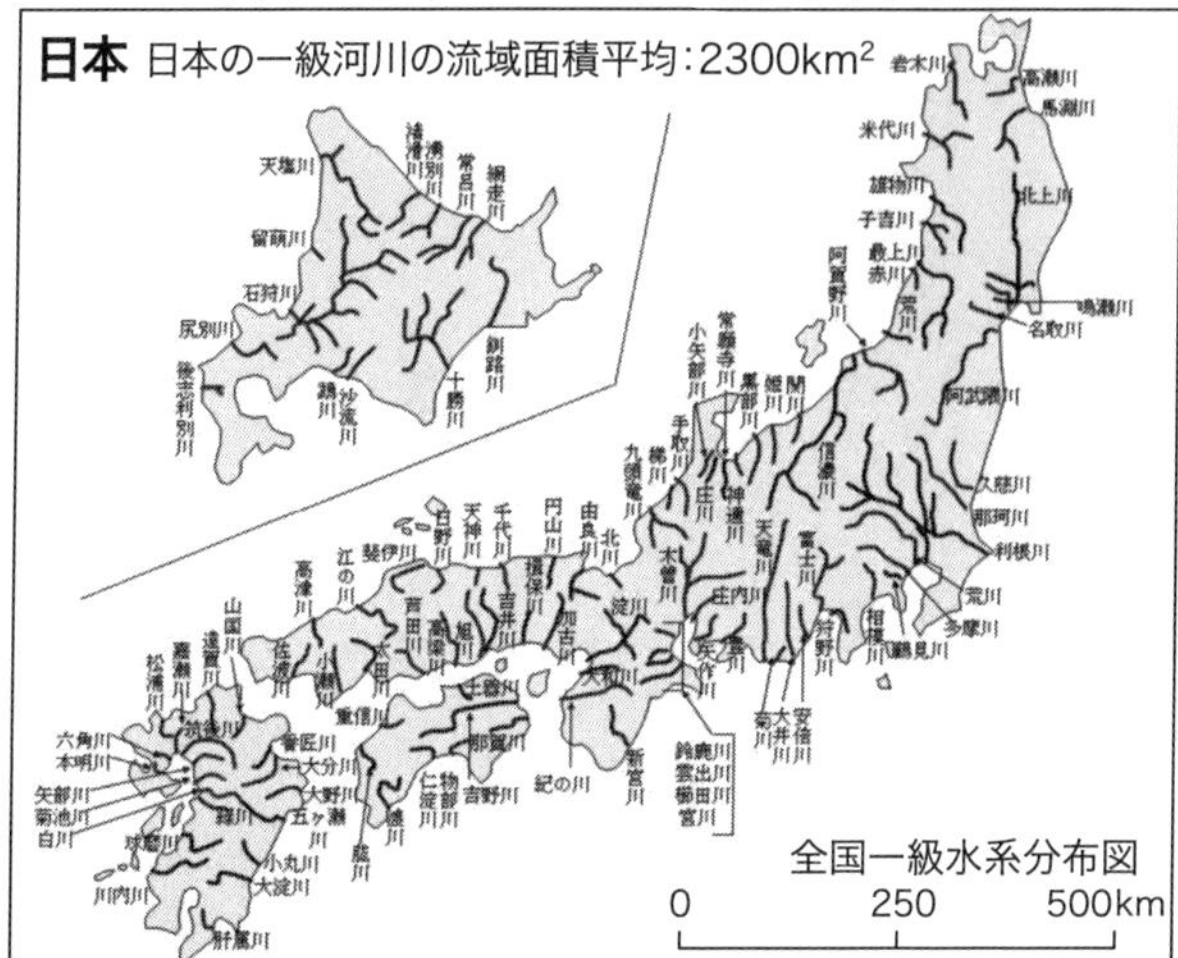

出典：国土交通省資料

していることが読みとれる。列島の中央に高い山脈があることから、都市間を連絡するためには、鉄道も道路も、太平洋と日本海の両側に整備しなければならないのである。また、三つには、この山脈の存在が日本国土を雪国と非雪国に分割してしまっていることがわかる。このように脊梁山脈は、国土の条件・人々の暮らしの条件を大きく規定している。

シベリアからの寒流と対馬暖流がある限り、冬の日本列島に降雪があるのは当然のことであるが、この寒風は脊梁山脈を越える間に、日本海側にほとんどすべての雪を落とし、乾燥した風となって太平洋側に吹いてくる。

したがって、この山脈はわが国を、冬場には毎日続く曇天（どんてん）やジメジメとした湿気と豪雪に悩み、大変な生活不便地になる積雪地域と、冬場でも晴天・乾燥の生活利便性が低下しない非積雪地域というまったく事情の異なる二つの地域に分割している。

脊梁山脈の存在は、このような特徴となって、われわれに厳しい条件を突きつけているが、ヨーロッパやアメリカでは国土の中央を大きな山脈が縦貫して国土を分断しているということはないのである。

④土砂・土石流災害が襲う――不安定な地質

四番目は、地質が複雑で安定していないことである。

わが国は国土面積の七〇％を山岳地帯が占めているため平野が少なく、国土を都市や耕地として広く使うことが難しいのだが、さらに難儀なのが、わが国ではこの山岳地帯に、風化した岩がとどめ置かれているということである。

わが国の氷河期には、氷河は山脈の山頂部分にだけあったから、この氷河が融解していくときに、風化岩を山岳部に残していったのである。これはヨーロッパや北アメリカでは、氷河期には全土が何キロメートルにも及ぶきわめて分厚い氷河で覆われており、氷河融解期にそれが風化岩を削って運び出し、融解後には、風化のない新しい岩盤が露出したのと大きな違いになっている。

風化岩が山岳地帯に残っているということは、わが国に地震や豪雨が多発するという条件と重なって、これらの岩が簡単に崩落し、土砂流や土石流となって麓の集落を襲うという厳しい条件を生んでいる。

広大な平野に居住地を構えることができるヨーロッパなどとは異なり、山腹の麓に住宅を設けることの多いわが国では、豪雨による斜面崩壊とともに、これらの災害が毎年のように人の命を奪っている。

⑤可住地が分散――狭く少ない平野

五番目は、平野が狭く少ないことである。

標高が五〇〇メートル以下で傾斜していないとか、あるいは沼沢地でないなどの条件を満たす土地を可住地というが、山岳地が広いため、わが国では、それは国土面積の二七％程度しかない。可住地がイギリスでは八五％、ドイツでは六七％、フランスでは七三％もあることを考えると、この可住地比率の小ささはそれだけでも厳しいハンディとなっている。

農地にしたり、都市をつくったり、工場を建てたりといった近代的な土地利用は可住地でないとほとんど行えないが、そういったことが可能となる土地がこれだけ少ないのである。

全体的に少ないということもわれわれにとって大きな不利条件なのであるが、さらに大きなハンディとなっているのは、この可住地が、きわめて分散的にしか存在していないということである。平野は内陸地域では盆地として、また海岸地域では、河川

［図表13］**関東平野**

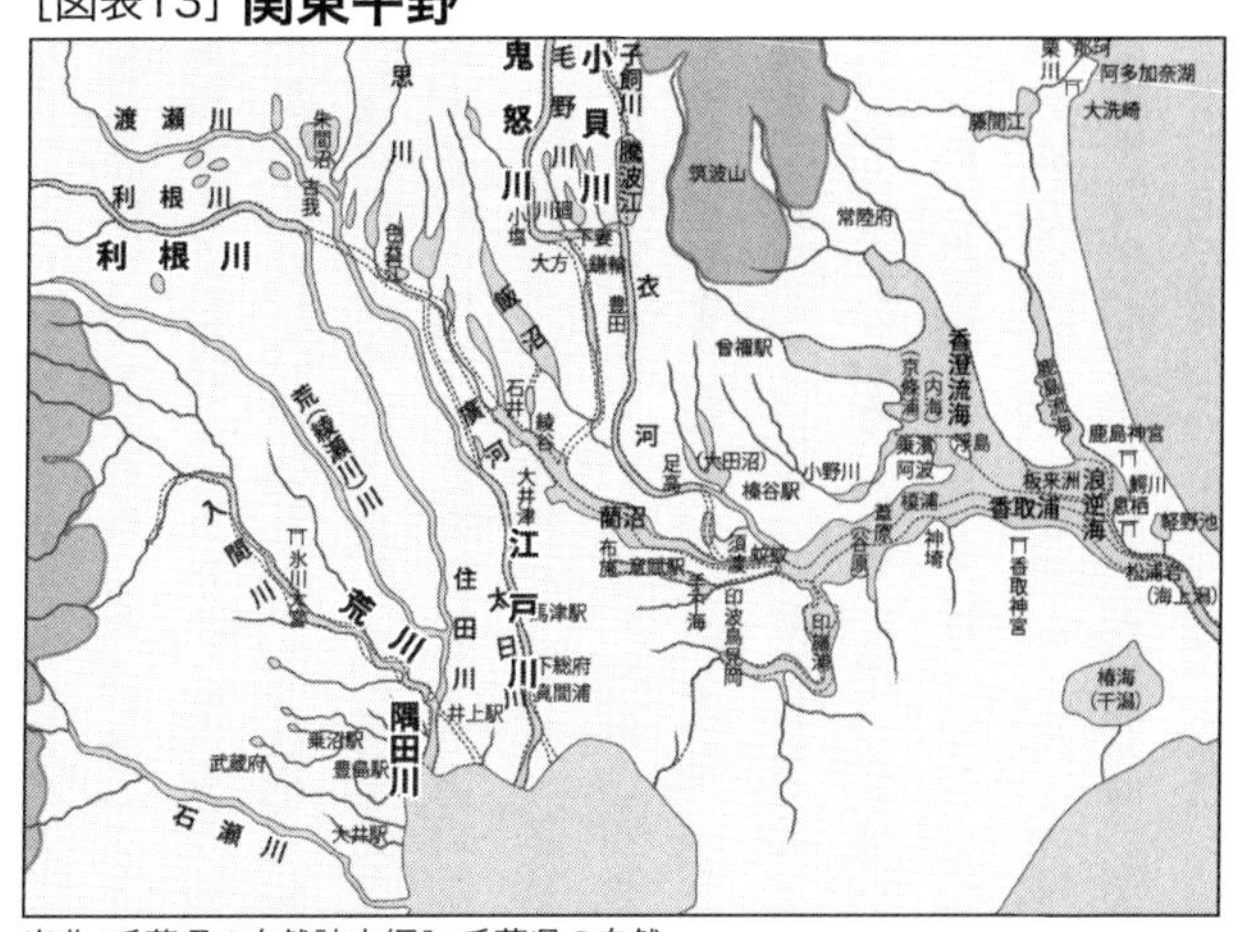

出典：千葉県の自然誌本編1：千葉県の自然
P92「図2-22利根川・鬼怒川（約千年前）水脈想定図（吉田1910改変）」に加筆修正

が押し出してきた河口部の土砂の上にしかないのである。

図表13と14（八五ページ）は江戸時代以降に河川改修を行って河川の流路を固定する前の関東平野と大阪平野の様子を示したものである。

今の人は、日本は平野が小さく、まとまって使える土地が少ないといっても、関東平野のような大きな平野があるではないかと思うかもしれない。しかし、実は関東平野がこのようにまとまって使えるようになったのは、そんなに昔のことではないのである。

先の図表にあるように、多くの河

川が自由自在に流れており、洪水がある度に流路を替えながら、各地域を水浸しにしてしまうといったような流れ方をしていたから、昔は関東の中でも点在的に存在する小高いところだけが、人が住んだり、耕作地に使ったりできる土地だったのである。

しかし、江戸時代に入って、利根川の流れを銚子の方に付け替える利根川東遷事業や、荒川の流れを入間川の方に替える荒川西遷事業などが行われ、さらにその後の努力により、河川の流路を固定するといった整備がなされたがゆえに、今日のようにまとまって使える関東平野になっているのである。河川は自由に流れるようにするのがよいなどと言う人がいるが、流れるべきところを流れるようにしないと、人間が使える土地など生まれないのである。

関東平野を今、ほぼ一体的に使うことができるのは、私たち日本人の長年にわたる努力の成果だということを、よく認識しておく必要がある。関東平野にしろ、大阪平野にしろ、このようなまとまった使い方ができるようになったのは、歴史の長い時間からいえば、比較的最近のことなのである。

このように、河川改修の第一歩は、流路の固定である。流路の固定がなければ、農地にするにしろ、都市を建設するにしろ、計画的な土地利用ができるわけもない。し

[図表14] **大阪平野**

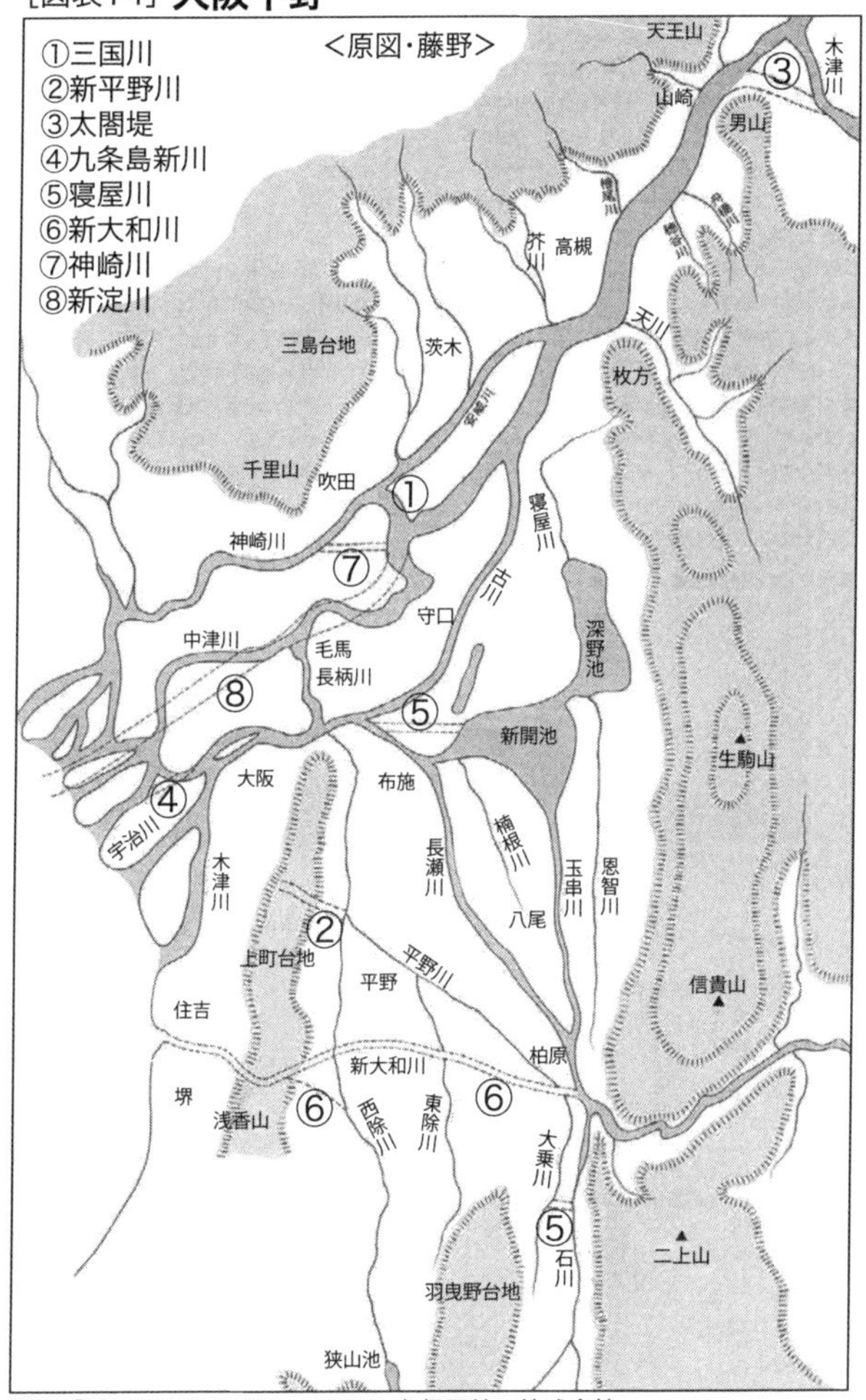

出典：「URBAN KUBOTA　NO.16」久保田鉄工株式会社

かし、流路の固定はきわめて困難な作業であった。

中部地方には、「木曽三川」といわれる河川（揖斐川・長良川・木曽川）がある。これらの河川は、岐阜県海津市あたりできわめて近接して流れており、昔はそれぞれの河川で洪水があるたびに、流路をまたがって流れたため、一流域で大雨が降ると、それが全下流域に及ぶといった被害がたびたび発生した。

そこで、江戸幕府は、この三川の近接部をきちんと分流することとし、木曽川は木曽川の流路、長良川は長良川の流路、揖斐川は揖斐川の流路になるよう、三川を分離する治水工事を実施することにした。島津藩に御手伝い普請を命じて行わせたこれは「宝暦治水」（一七五四年～一七五五年）と呼ばれている。

この工事はきわめて難工事であったため、多数の島津藩士が病死したり自害したりした。また、予想外の費用がかかったことから、工事責任者であった島津藩家老の平田靱負は、工事完了時に切腹をして責任をとった。

しかし、江戸時代の技術力ではこの三川を分離することは不可能だった。木曽三川が完全に分流され今日の姿になったのは、明治以降の治水努力の成果なのである。

流路を固定するといっても、洪水時には自由に流れようとするから大変で、ときには堤防が決壊してしまうこともあるのだが、過去の人々の努力により、その第一歩の一応の整備がなされてきたがゆえに、大河川が流れるエリアでも、今日では比較的まとまった土地利用ができているのである。

⑥近代的土地利用がしにくい――軟弱地盤上の都市

六番目は、大都市のすべてが軟弱地盤上にあり、そこには洪水の危険があることである。

日本の大都市はすべて大河川の河口部に発達している。今から六〇〇〇年ほど前「縄文海進」といわれる日本付近での海面上昇があり、今より約三メートルほど海面が高く、海岸線がかなり内陸に及んでいた時代があった。その時代から今日に至るまでの海岸線の低下に伴って、河川が押し出した土砂がこれらの地域に堆積していって、扇状地や三角州がうまれ、平野が形成されていったのである。

こういった扇状地や三角州にその後、江戸時代以降の埋立等が行われることによって、今日の大都市が存在する平野がうまれている。

したがって、大都市地盤の一つの特徴は形成の歴史がきわめて短いこともあって締め固まっておらず、岩盤に比べるときわめて軟弱な地盤となっていることである。

そのことは、近代的な土地利用を行うために、工場を造ったり橋を架けたりしようとすると、軟弱地盤であるがゆえに、長大な基礎構造が必要になるという大きなハンディになっている。これもヨーロッパやアメリカの都市のほとんどが、岩盤の上に存在していることと比べ、きわめて厳しい条件になっている。ニューヨークもパリも岩盤の上に立地しているのである。

河川が土砂を押し出す作用は、今日なお続いている。日本の河川は、土砂を押し出しながら流れているのである。しかし、平野部に出てくると流速が落ちるため、かつて扇状地や三角州をつくったように、運搬してきた土砂をそこで堆積していく。こうして、河川の川底が、周辺の地盤より高い天井川になることも多く、洪水時期には、氾濫の危険性が常に存在するということにもつながっている。

⑦世界の大都市にない弱点――大地震の可能性

七番目の特徴は、全国どこででも大規模地震が起こり得ることである。

阪神淡路大震災や東日本大震災の経験をしたわれわれは、大規模地震が起こり得るという認識を十分にもつようになったが、わが国は、大地震が起こり得るプレートの境目に存在する国である。

わが国の地表面積は全世界のわずか〇・二五%にしか過ぎないのであるが、なんとこの狭いエリアに四つものプレートがひしめきあっている。これは、ヨーロッパやアメリカが一つのプレートに乗っているといっても過言ではない状況に比べて、きわめて厳しい条件となっている。

近未来に襲うと予測されている地震は、東京直下型地震や東海・東南海・南海のトラフ地震であり、太平洋側は、これらの地震がもし連動して起これば、壊滅的な被害を受けることになる。その場合、日本国そのものが存続可能かどうかといった厳しい局面に直面することになる。世界の貧困国の一つに転落する可能性すらあるのである。

しかし、パリ・ロンドン・ベルリン・モスクワ・ニューヨークを大地震が襲うことは、今後とも絶対といっていい程ないのである。これはとんでもないハンディキャップといっても決して言い過ぎではない。

⑧水を治めきれない——集中豪雨

八番目の特徴は、豪雨の特性が集中的だということである。

わが国の降雨量は一四〇〇～一八〇〇ミリメートルであり、地表全体が八〇〇ミリメートルであるのに比べて水資源豊かというようにみえるが、そうではない。なぜなら、河川が短く急流であるため、脊梁山脈に沿って降った雨が一挙に海に注いでしまい、貯水することがきわめて困難だということと同時に、大降雨が梅雨末期と台風期という短い期間に集中するという傾向があるからである。

わが国では数千ものダム・堰・ため池などの貯水設備を、大和朝廷の時代以来、営々として整備してきたが、それでも概略的な数字で示せば、三〇〇億トン程度の水しか貯めることができないでいる。きわめて厖大な水の量であるが、世界的にみるとそれは、中国の三峡ダムやアメリカのフーバーダムの一つ分程度でしかない。

したがって、日本人の水資源量は、世界の国々に比べて決して豊かなものではない。そのため、現在でも頻繁に各地に渇水が生じ、水道水・農水・工水の取水制限が行われている。一九六四年の前回の東京オリンピック時には、東京は大渇水となり、その後、取水域を大きく拡大してきたのだが、二〇一三年には、首都圏でもかなり長期にわたる取水制限があった。

降雨の集中特性も変化してきている。過去にも集中豪雨があって、洪水や土砂災害・土石流災害をもたらしてきたが、今日、地球温暖化の影響なのかは別として、渇水と洪水が繰り返されるようになり、降雨強度の変動が大きくなってきている。

一時間に五〇ミリメートルという強烈な豪雨の発生回数は年々増えているし、一時間に一〇〇ミリメートルという先がまったく見えなくなるほどの集中豪雨が各地で頻発する事態が生まれている。

二〇一四年夏には、高知・京都・広島・北海道礼文島など、全国的に豪雨による大きな土砂災害が生じた。

東アジアモンスーン地帯においては、「水を治めることは国を治めることだ」と言われてきたように、われわれ日本人も過去から懸命な治水努力を続けてきたが、このような豪雨特性があり、それが「ゲリラ豪雨」と呼ばれるほどに激化しているため、現在でも毎年どこかで大きな斜面崩壊や土石流といった土砂災害や洪水災害が生じている。われわれは水を治め水に対応しきることなど、まだまだできてはいないのである。

⑨建設コストが上がる——強風の常襲地帯

九番目の特徴は、弓状列島は台風の通り道に沿うように存在していて、したがってわが国は台風の常襲地帯にあること、そして台風はほとんどの場合、大変な強風を伴うことである。ここでは、強風について説明したい。

二〇〇四年は、わが国への上陸台風が一〇にもなるという、近年稀な台風年であった。これらの台風のうち八つが瞬間最大風速毎秒五〇メートル以上の強風を伴った。そのうち三つの台風ではそれが毎秒六〇メートル以上にもなった。

わが国で建物や橋を設計したりする際に、こういった強風が吹くという条件を考慮しなければならないということは、ヨーロッパでは台風やハリケーンのような強風が襲うことがないというのに比べ、きわめて不利な条件になっている。

最近、わが国では自然由来のものにエネルギー供給源を求めるべきとの議論が盛んで、太陽光発電や風車などの発電施設をつくることを促進すべきと主張する人が多いが、わが国に建設するこれらの施設は、ヨーロッパなどでは考えられないほどの強烈な風力を考慮しなければならないのである。

そのため、そういった施設はかの国のものに比べ、かなり丈夫で、高価なものにならざるを得ない。まして、彼らの国にはない地震や軟弱地盤という条件も加わるから、なおのことである。自然エネルギーに関する議論がこれらの条件を踏まえたものになっているかどうかは、かなり疑問だと考えている。

二〇一三年にフィリピンを襲った台風三〇号は、瞬間最大風速一〇五メートルという強風を伴っていた。

アメリカを襲う竜巻の災害がよくニュースになるが、それに劣らない強風がフィリピンを襲ったのである。温暖化に伴い、台風やハリケーンが強大化することが予想されている。フィリピンを襲ったような強風が直ちに日本を襲う危険は少ないかもしれないが、油断は禁物である。

⑩豪雪地に大人口——広大な積雪寒冷地域

一〇番目の特徴はわが国の国土面積の半分以上が積雪寒冷地域にあることである。脊梁山脈の項で説明したように、脊梁山脈の存在がわが国をまったく事情の異なる二つの国に分割している。それは、積雪地帯と非積雪地帯である。

国土面積の六〇％が積雪寒冷地帯にあり、かつ年間累積降雪量が四メートルを超える豪雪地帯に五〇万人を超える大都市が存在している。

わが国より寒冷な地域に大都市が存在する例は、ロシア・カナダなど世界にいくつもあるが、これだけの豪雪地に大人口を抱える都市を持つ国は存在しない。冬ごもりで冬をやり過ごせば良い時代とは異なり、冬場でも活発に経済活動を行わなければならない時代になってくると、この豪雪の克服は、われわれにとって大変な努力を要するものになっている。

近年、幹線道路を中心に除雪が行われるようになり、冬場の交通はなんとか確保されるようになってきたが、市町村道では十分でない場合も多い。温暖化で降雪量が減るとの楽観的な見通しが語られたこともあったが、最近は豪雪中心地が北上して、青森や北海道などでは観測史上始まって以来の大降雪がたびたび発生している。また、二〇一四年には、積雪寒冷地域には含まれていない山梨県をはじめ、多くの地点で、観測史上最大の降雪量を記録した。

冬でも無雪・乾燥・好天の日々を過ごすことができる東京・首都圏など太平洋側の人々は、日本海側が豪雪を引き受け、そこに暮らす人々が雪とともに、多湿で曇天の続く日々に耐えていることに感謝しなければならない。脊梁山脈で雪を落とさなければ、太平洋側にも必ずかなりの降雪があるはずだからである。

一〇の厳しい条件が重なり合う日本

以上一〇項目にわたるわが国の厳しい自然条件を示してきた。どれをとってもわれわれにとって厳しいものばかりだが、さらに付言しなければならないのは、これらの悪条件がそれぞれ単独で厳しいだけではなく、重なり合ってわれわれの暮らしを圧迫していることである。

「大都市が軟弱地盤上にある」と説明したが、軟弱地盤上にあるのに大地震が襲うという厳しさである。さらに、その大都市は降雨特性が厳しいのに、河川氾濫の可能性の高い氾濫域に存在しているということでもある。トンデモ級の悪条件が重なっているのである。

最近わが国では、降雨強度が激しくなって、時間雨量五〇ミリメートルという豪雨が各地で観測されるようになったし、一〇〇ミリメートルというのも珍しくなくなるほどに頻発するようになったと述べてきたが、二〇一四年八月のアメリカのＡＢＣ放送は、連日「東部では豪雨と竜巻、西部では干ばつと山火事」という自然災害の発生を流していた。

ヨーロッパでも洪水が繰り返し起こっているように、世界も日本も自然災害多発期に入りつつあるのではないかとの懸念がある。

過去に何度もあった災害集中期は、今後もあり得るとの覚悟と用意が必要である。

われわれ日本人は大変厳しい国土を与えられたと嘆きたいのであるが、われわれの先人たちは頻発する災害に絶望したり、くじけたりすることなく、繰り返し繰り返し災害からの復興を果たし、大変な努力によって、より安全でより効率的な国土をつくりあげてきた。

このことは、われわれ現代日本に住む者として、先人に感謝するとともに、忘れてはならないことである。われわれも先人から引き継いだ国土をより安全にして、次の世代に引き渡す責任があるのである。

われわれが獲得している勤勉性はこうした努力によってもたらされたものであるという認識を持ちたいものである。

対馬海峡とドーバー海峡——位置的条件

日本の自然条件というとき、忘れてはならないのは「列島の位置」という地理的条件である。

まず一つは「大陸との距離」である。つまり、重要なのは、真ん中に対馬が存在するものの朝鮮半島と日本列島を隔てる「対馬海峡の幅が広く約二〇〇キロメートルもある」ことなのである。

これにより、世界中至るところで、民族同士が「血で血を洗う」ような凄まじい紛争を何千年もの間、繰り返してきたが、われわれはその「紛争影響圏」の外に立つことができたということなのである。

これを強調するのは、フランスとイギリスの間のドーバー海峡の幅が約三〇キロメートルしかなく、紀元前のローマ時代ですら大軍が越えることができたのに対して、対馬海峡では、大昔からこれを越える人の往来があり文化の交流はあったものの、大軍が越えるには海峡幅が大きすぎたという違いがあるからである。図表15（九九ページ）は、対馬海峡とドーバー海峡の等縮尺図である。等縮尺で比べると、事情がかなり異なることがよくわかる。同じ島国の日本とイギリスだが、この海峡幅の違いが両国の歴史を大きく変えているのである。

対馬海峡を渡海することがいかに難しいことだったのか。結果的に南方ルートで日本に辿り着いた中国の高僧・鑑真の例で見てみよう。鑑真は、日本で僧の授戒の制度を整備するため渡日の要請を受け、弟子を派遣しようとしたが受けるものがなく、自らが渡日する決意をした。

七四三年から何度も渡海に挑戦したのだが、やっと六度目に渡日することができた。弟子の虚偽の密告などによる中止が三回あったが、二回は暴風による中断。その後、激しい疲労などにより両眼を失明したものの、七五三年六回目の渡海を決行し、このときも暴風によって南方に漂着したが、何とか沖縄を経由して鹿児島坊津に到着した。

この渡海でも、鑑真の乗っていた船は何とか着いたものの、阿倍仲麻呂と藤原清河が乗った船は難破してしまったのである。当時も、天候・気象などを考慮して船出したはずなのに、実際に渡航を試みた三回とも暴風に遭遇するほどの海峡横断だったのである。

遣唐使でこの事情を見てみよう。六三〇年に最初の遣唐使が派遣された。その後、カウントの仕方によって諸説あるようだが、一九回にも及んだとの説がある。これも政治的事情で後には南方ルートをとるが、それは対馬海峡をわたるよりさらに困難を

[図表15] **ドーバー海峡と対馬海峡**

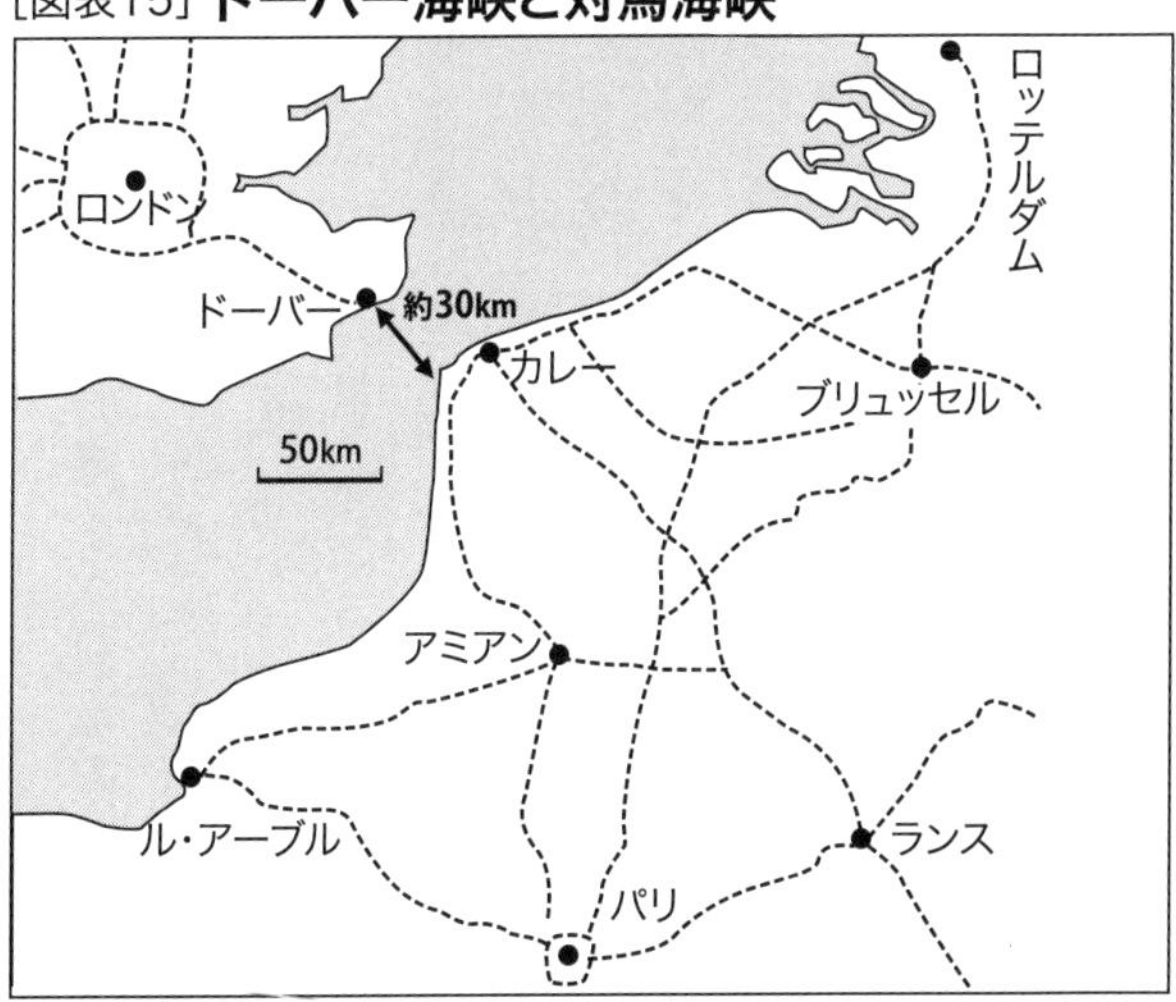

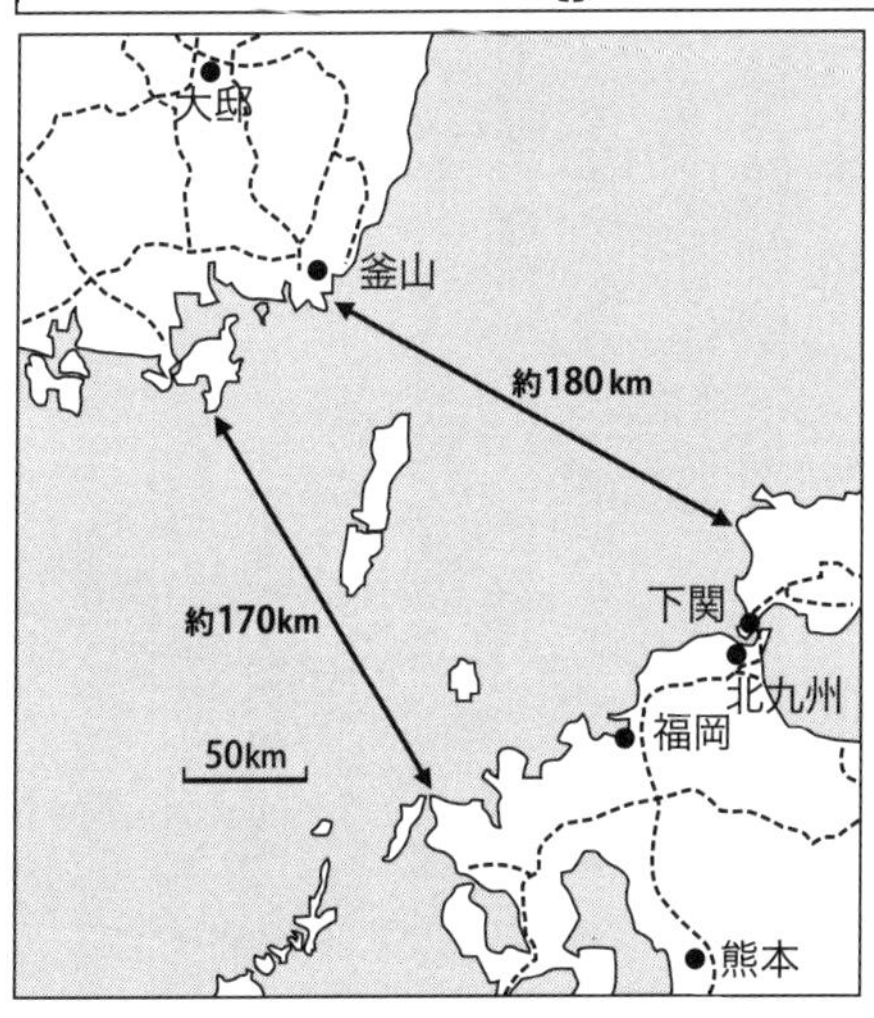

極めた。これらのうち、遭難、漂着、難破などの事故に巻き込まれたのは九回にも及んだとの記録がある。

ドーバー海峡はどうだったのだろうか。

ガリアでの戦争で、ガリア側にブリタンニア（現在のイギリス南部）人の援軍がまぎれているのに気付いていたカエサルは紀元前五五年、一回目のイギリス遠征を行った。遠征を引き上げる際、ブリタンニア人に忠誠の証として人質を大陸に送るよう命じていたが、ほとんどのブリタンニア部族が約束を守らなかった。

そのため、翌年の紀元前五四年には本格的な遠征を決意し、漕走も帆走もともに可能な船を作るなど準備をしたうえで、八〇〇隻以上の船によって五個軍団の兵と二〇〇〇騎の騎兵を引き連れてブリタンニアに上陸し征服した（カエサル著、國原吉之助訳『ガリア戦記』講談社学術文庫）。

紀元を遡ること五〇〇年以上も昔、わが国がまだ弥生時代末期で部族国家が誕生していたかどうかという頃に、これだけの大軍が超えることができたのは、彼らの技術力の高さもさることながら、やはりドーバーの海峡幅が小さかったからである。

このように、紀元前後という昔の時代から大軍がこの海峡を移動できたことが、イギリスと大陸の関係を密接なものにしてきたのであって、イギリスは、大陸での力関係の変化に無関係でいることができなかったのである。

大軍が簡単に越えることができたドーバー海峡で他国と隔てられたイギリスと、遣唐使船などの少船団ですら、二回に一度は難破してしまうほど大陸と隔てられた日本との間には大きな違いがあり、これがわが国の歴史や日本人の成り立ちを規定してきたのである。

大陸と日本列島は、大軍は越えて来ることはできないけれども、文化は何とか入って来ることができたという実に微妙な距離だった。このわが国の位置がわれわれの歴史を育んできたのである。太平洋の真ん中に他の文化と接触することなく、ぽつんと孤立して存在していたのではなく、苦労すれば大陸や半島から何とかたどり着ける位置に日本があったことが大きい。

そのため大陸との関係がイギリスと日本では大きく異なることとなり、日本の方により独自性の高い文化が育つこととなった。

サミュエル・ハンチントン氏は『文明の衝突』（鈴木主税訳、集英社）の中で、世界は八文明程度に分類できるとした。中華・ヒンズー・イスラム・日本・東方正教会・

西欧・ラテンアメリカ・アフリカという八文明である。このように、イギリスは西欧文明に含まれるとしたが、日本は中華文明の一部なのではなく、独立した文明だというのである。

また、日本文明は、ディアスポラ（原住地を離れた離散者）を持たない孤立した文明だとも述べている。そして、この「孤立した文明」を持つ民族であるとハンチントンが指摘したことをよく受け止めておく必要がある。

アメリカには、多くのユダヤ人がディアスポラとして存在し、アメリカ世論の形成に影響を及ぼしているが、日本人にはそのようなディアスポラは存在しないのである。

「台風の通り道列島」と飢饉

国土の地理的条件・気象的条件でも示したことだが、位置の問題で、もう一つ特徴的なのが「台風の通り道に沿うように列島が弓状に展開している」ということである。このため「強風と豪雨」が毎年繰り返し日本列島を襲うのである。このことは、列島を縦貫する脊梁山脈から発する短くて急流である河川に洪水の危険をもたらすということであり、都市のほとんどは河川の氾濫域にあることから、かつては毎年のように

［図表16］**2004年に発生した全台風の軌跡図**

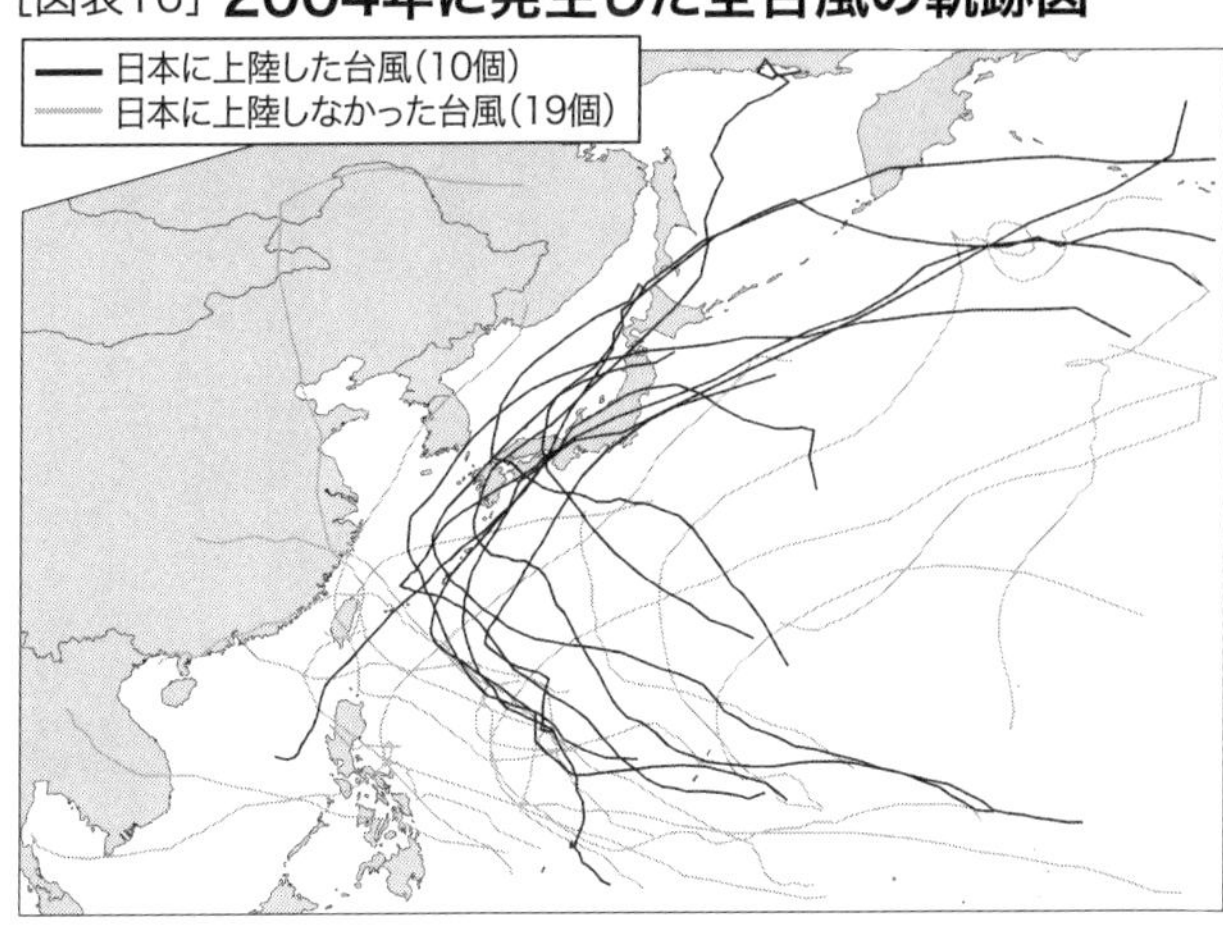

河川氾濫に見舞われてきたのである。

図表16は、上陸数の多かった二〇〇四年の台風の軌跡を示しているが、偏西風の影響により、日本に近づいてくると列島に沿うようにコースを変える様子は、不思議な感じさえするくらいである。

北西や北北西に進んできた台風の多くが、沖縄付近で北東や北北東に急カーブする。列島が「その通り道上に、カーブに沿うように」弓状に細長く曲って配置されているから、「台風の通り道列島」になってしまうのである。

先にも紹介した田家康氏は、日本列島の天候のうつりやすさ、多彩さが、日本列島の地理的な状況に起因すると述べている。アジア大陸にはチベット高原やヒマラヤ山脈があるため、偏西風は蛇行し、時には二つの流れへと分流し、あるいは日本列島の東方海上で合流するといった複雑な動きを見せる。全世界をみても、日本列島周辺は最も気象予報が難しい地域の一つとされているとも述べている。

古代から近代にかけて、天候不順や異常気象の長期化は、農業の凶作を招き、時に深刻な飢饉の元凶となった。日本の歴史を通じて、天候の変動は凶作に直結し、飢饉・疫病・紛争の原因の一つであり続けてきたのである。

黒潮の流れの中の「るつぼ」

日本文明は、ハンチントンが独自の文明といったように中国文明の亜流なのではないことはすでに示したが、日本文明は、「吹きだまり文明」だと言われるように、各方面からの文明が渾然一体となって形成されている。

北方では、狩猟を発達させた文明を持つ北ユーラシアの森林文明と接して細石器文化などの影響を受けているし、西方では、朝鮮半島を経由して騎馬民族の乾燥地帯の文明の影響もある。西南方面では、中国中南部からインドシナに至るモンスーン地帯とつながりがあるし、南方では、点在する島々を経由してインドネシアやポリネシアからの文化も伝播してきている。

さらに重要なことは、きわめて古い時代から各地の影響を受けてきた一方、石器の作り方、形、種類などに日本独自の個性が次々と生まれ育ち始めていたという事実である。まさに日本は各種文明が集合し、新たな文明を育てた「るつぼ」なのである。

崎谷満氏は『ＤＮＡでたどる日本人10万年の旅』（昭和堂）の中で、日本人の不思議を述べている。つまり現生人類は三回に分けてアフリカから世界に散っていったが、世界のほとんどの地域では出アフリカの二系統までしか見出せないのに、日本列島では三系統が今でも認められるといい、これは歴史上の不思議であると言うのである。

わが国は、それほどの「るつぼ」なのである。

その様子は、伝承してきた『古事記』などの神話に見ることができる。イザナギ・イザナミの国生みは柱の周りをめぐって行われたが、この儀礼は作物の豊饒祈願に由来する習俗であるといわれ、中国南部からインドネシアの農民にも分布している。

ヨモツ国を訪ねたイザナギは死んだイザナミに追われ逃げ帰ってくるが、この時いろいろなものを投げ捨てながら逃走してくる。ものを投げ捨てながら逃げるという型の説話も世界に広く分布している。追跡者をはばむ障害物が、必ず三つであるのも共通だというのである。多くは、石と櫛と水らしいのだが、日本の櫛と髪飾りと桃というのは、中国の華南方面と共通しているといわれる。

天岩戸(あまのいわと)神話の太陽神が洞窟などに隠れ、これをおびき出すという主題の神話は、インドのアッサムからアメリカのカリフォルニアにも及んでいるそうだし、兄弟などの歳の小さい方にきわめて行いの悪いのがいて、日食や月食はそのために起こるという神話は、インドシナのカンボジア、ラオス、タイ、ビルマなどに分布しているといわれる。

これ以外にも、女神の死体から栽培植物が生まれたという五穀神話も、八岐大蛇(やまたのおろち)神話も、因幡(いなば)の白ウサギも、東南アジア、南アジアにも分布しているし、天孫降臨神話もわが国だけのものではない。

異種と異種とがふれあうところで、文化は生まれる。東洋と西洋が出会ったヘレニズム文化は、最も世界的規模の異種交流文化の典型である。この文化は、芸術から科学にいたるまで多くの新たな爆発をもたらしたのである。

戦後「日本神話」は歴史ではないとされ、近年日本歴史の時間はもとより、どの教科でも扱われなくなった。このため若い人々のほとんどが、神話の内容はもとより神話に含まれる多くの説話が広大な地域に広く分布していることをまったく知らないでいる。

われわれ日本人の成り立ちを知らないまま、圧倒的な文明力を持っていた中国の辺境で、この影響を受けてきただけの民族だと誤解している。

ディアスポラを持たない孤独な文明とハンチントンは日本文明を形容したが、この文明は世界的広がりを持つ交流の中で育まれたのである。日本の文明は中国文明の一派などではないことを、若い日本人の自信の裏付けとして欲しいのである。

第三章

なぜ日本人は世界の残酷さを理解できないか

世界の紛争と都市城壁

歴史上長きにわたり、気候や気象の変動による風水害や飢饉に加え、地震・噴火などの自然災害によって、多くの日本人が亡くなっていったという事例はすでに紹介した。

では、世界の人々も同じであったのかというと、そうではない。わが国以外の世界では、凄惨な大量虐殺の歴史だったと言っても過言ではない。先に紹介したマシュー・ホワイト氏によると、アメリカのランド研究所は、「紀元前三六〇〇年頃から今日まで、平和だったのはわずか二九二年しかなく、この間に一万四五三一の戦争があり、三〇億四〇〇〇万人が殺害された」との報告をまとめているという。

それぞれの紛争や戦争によって犠牲になった人間の数はどれくらいになるのだろうと、数年かけて探してみたが、苦労してやっとアメリカのホワイト氏のホームページ『Selected Death Tolls for Wars, Massacres and Atrocities Before the 20th Century』に出会ったのが最初の発見だった。その後、彼は研究をさらに深めて『殺戮の世界史人類が犯した100の大罪』を著わした。殺戮の記述は、彼の研究によるものである。

海外での紛争は多数の人間の殺戮をともなうものであったが、それは、最古の都市文明であるシュメールでも中国でも城壁をもたなければ、大勢がまとまって暮らすことができないという都市の形を生んできたことにもあらわれている。注目する日本の歴史家がほとんどいないのが不思議なのだが、中国はもちろんのこと、世界文明の原点になっているシュメールから、ギリシャ・ローマ・中世ヨーロッパに至るまで、人々が多く集まって暮らすエリアはすべてCity Wallという都市城壁で囲まれていた。

大変な費用や労力のかかる城壁を建設しなければならなかったのは、それらがなかったために、多くの人間が愛する者の死に直面しなければならないという惨劇を何度も経験し、学習してきたからである。

シュメール人は灌漑設備を持つ農耕民族だったが、今日の気候考古学によると、シュメール人が五五〇〇年前に都市国家をつくったときにはすでに、この地域の乾燥化や寒冷化が進み始めていたようなのである。そのため、何年かに一度は食べ物が不足した遊牧民族や山岳民族が食料を求めて、シュメールの集落を襲ったに違いない。

彼らが食糧を収奪していく際に、シュメール人は彼らの愛する人々が多く惨殺されるという経験を何度もしたからこそ、都市国家全体を城壁で囲むという、厖大（ぼうだい）な費用と手間のかかる事業を決断せざるを得なくなったのである。

シュメール人の都市国家の一つであったウル遺跡を見ると、城壁に加え堀までめぐらせていたことがわかる。City という言葉はラテン語のキビタス（civitas）から派生しているが、そのキビタスとは「壁の内側に人が密集している場所」を意味している。シュメールからギリシャ・ローマ・ヨーロッパに至る文明では、壁は都市という言葉の内部概念だったのだ。

中国も同様な事情にあることは、かつて唐の都があった長安が東西約一〇キロメートル、南北約八・五キロメートルという強固で長大な城壁で囲まれていたことをみても明らかである。長安以外のほとんどの中国の都市も、高さが一〇メートルを超える規模の強固な都市城壁で囲まれている。

国という漢字は、「くに」を意味するようになるまでは、城壁をめぐらした「みやこ」を意味した。本字である「國」は、くにがまえが城壁をあらわし、内側の「或」は「コク」「ワク」と発音するようだが戈（ほこ）のことであり、つまり武器を持って城壁内で構えているという意味をあらわしている。

現在でも「都邑（とゆう）（都会、みやこ）」という言葉を使うことがある。この「邑」という字は、「囲い（城壁や城柵）を象った部分」と「ひざまずいた人を象った部分」から成る会意文字だと言われている。これは、人が城壁にひざまずいて感謝をしている姿をイメージしているのではないかと私は考えている。都市を囲む城壁や城柵があったがゆえに、都市の中で暮らしていた人々の命が守られて助かったという気持ちが、この漢字を生んだのではないか。

つまり、ヨーロッパ方面でCityがキビタスから出てきたのと同様に、都市には城壁が必然であることが、中国ではこの「國」や「邑」という漢字の発明に反映されているのである。

世界の大量虐殺スケール

図表17（一一五ページ）は、マシュー・ホワイト氏が計上した歴史上の大量殺戮事件の上位一二〇件までを、死者数の順にまとめたものである。第二次世界大戦の六六〇〇万人を最高に、これだけの数の人々がその時々の紛争で亡くなっている。これは自然死ではなく、すべて「人に殺された死」（政策の失敗による餓死を含む）であることが驚きだ。世界の歴史は虐殺によって埋め尽くされているという状況だが、中で

も、中国での死亡数が際立っている。

ホワイト氏はその著書の標題にあるように、世界の歴史の中から、一〇〇もの大量殺戮を紹介しているが、われわれが比較的よく知っている戦争を七つほど列挙すると図表18（一一六ページ）のようになる。

フランスでは、同じキリスト教徒の間で行われた宗教戦争で、複雑な政治的絡み合いもあって、三〇〇万人もの死者が出ているし、朝鮮戦争やベトナム戦争など、近年にも大量の殺戮があったことがわかる。特に最近、中東やアフリカでは、ＩＳＩＳやボコ・ハラムなどによる大虐殺が相次いで起こっている。

この表が更新されないことを祈るばかりである。

わが国でももちろん数多くの紛争や戦争、合戦などがあったが、日本人の研究者で、日本での紛争等でどの程度の死者数が出たかを研究している学者は見つからなかった。そのようなことに興味がないのか、あるいは研究してもそんなに多くの人数が出てこないのか、マシュー・ホワイト氏のような研究者は日本人にはいない。わが国でも紛争は数多くあり、それぞれに多くの死者を伴ったに違いないが、ヨーロッパや中国のような人数が犠牲になったことはないのだ。

[図表17] **残虐な大量殺戮上位20**

順位	名称　(年)	死者数
1	第二次世界大戦(1939-45)	6600万人
2	チンギス・ハン(1206-27)	4000万人
2	毛沢東(1949-76)	4000万人
4	英領インドの飢饉(18世紀から20世紀)	2700万人
5	明王朝(1635-62)の滅亡	2500万人
6	太平天国の乱(1850-64)	2000万人
6	ヨシフ・スターリン(1928-53)	2000万人
8	中東の奴隷貿易(7世紀から19世紀)	1850万人
9	ティムール(1370-1405)	1700万人
10	大西洋の奴隷貿易(1452-1807)	1600万人
11	アメリカの征服(1492年以後)	1500万人
11	第一次世界大戦(1914-18)	1500万人
13	安史の乱(755-63)	1300万人
14	新王朝(9-24)	1000万人
14	コンゴ自由国(1885-1908)	1000万人
16	ロシアの内戦(1918-20)	900万人
17	三十年戦争(1618-48)	750万人
17	元王朝(1340-70頃)の滅亡	750万人
19	西ローマ帝国の滅亡(395-455)	700万人
19	中国の内戦(1927-37、1945-49)	700万人

出典:『殺戮の世界史: 人類が犯した100の大罪』
マシュー・ホワイト著・住友進訳(早川書房)

[図表18] **その他の主な殺戮**

名称(年)	死者数
ベトナム戦争(1959-75)	420万人
ナポレオン戦争(1792-1815)	400万人
百年戦争(1337-1453)	350万人
十字軍(1095-1291)	300万人
フランス宗教戦争(1562-98)	300万人
朝鮮戦争(1950-53)	300万人
ピョートル大帝(1682-1725)	300万人

出典:『殺戮の世界史: 人類が犯した100の大罪』
マシュー・ホワイト著・住友進訳(早川書房)

ホワイト氏が著書で紹介している日本での虐殺は唯一島原の乱のみで〈1637〜38年のキリスト教徒の反乱である島原の乱で、2万人の男性信者と1万7000人の女性と子供の信者が殺され、生き残ったのはわずか105人だけだった〉(『殺戮の世界史』)と記述している(中国大陸での南京事件には触れている)。

関ヶ原の戦いは二〇万人が参加したという大合戦であったが、この戦いでの犠牲者数は、ホワイト氏の著書にも記載されていない。

これもホワイト氏の著書からだが、彼は日本の戦国時代(日本が内戦にあった時代、1467〜1603)について、

〈私は戦国時代を調査したが、研究者のすべ

てはサムライの戦争を儀式的なものだったと説明している。戦いでは主に武士だけが殺され、農民、職人、芸能者のような庶民には死は及ばなかった〉（同前）

と述べている。

もちろん、戦国時代には多数の死者が出たはずなのだが、わが国では殲滅(せんめつ)戦などほとんどなかったから、世界での殺戮スケールから見れば、ごくわずかだったに違いない。

フランス革命と日本人の感覚

フランス革命では、革命軍が大変な大量虐殺を行ったのだが、残酷な話を特に忌避(きひ)するわれわれにはこのことはよく知られてはいない。一七九三年には、ヴァンデ県の農民の反乱に対して、革命政府は地獄軍と呼ばれたテロ部隊を送り、「奪い尽くし、燃やし尽くし、殺し尽くせ」を合い言葉に、食糧、家畜を没収し、すべての家屋を壊し森や林を伐採し、目にしたすべての人間を殺して各村に火を放った。

四〇万人から五〇万人もの農民がこうして虐殺された。この四年前には、人間は自由で平等だとか、所有権は不可侵の権利だとか述べたフランス人権宣言を発した革命が、ここだけでもこれだけの人々を惨殺し、革命全体では一五〇万人からの犠牲者が出たという。

「大江戸」シリーズを著している石川英輔氏は、これだけの犠牲者を払って達成すべき価値など、この世にただ一つもないと信じるというが、まさにこれがわれわれの感覚だ。

しかし、世界はこの感覚の外にあることに、十分な理解が必要なのである。

「人命を賭してでも実現しなければならない正義がある」というのが、西洋文明の根幹にあるからこそ、フランス革命の厖大な死も、宗教戦争による死も生まれたのである。

ところが、われわれ日本人は「殺人を犯してまで実現すべき正義など一つもない」と考えているのだ。

中世のキリスト教徒によるエルサレムをイスラム教国から奪還するための遠征は十字軍遠征と呼ばれ、数次にわたって行われた。この戦いによっても大量の死がもたらされ、ホワイト氏によると死者は三〇〇万人を数える。

ドイツを舞台に戦われた三十年戦争（一六一八年〜一六四八年）は、ハプスブルグ家とブルボン家がからんだりした多国間戦争であったが、最後の宗教戦争ともいわれ悲惨な戦いが繰り返された。ここでの死者は、七五〇万人～一〇〇〇万人ともいわれている。これだけの人口喪失がドイツの近代化に影響を与えなかったはずがない。

日本に「市民」はいない

江戸時代の江戸の暮らしを驚きとともにわかりやすく紹介している石川英輔氏という作家はすでに紹介した。その彼が、「江戸の市民」という言葉を使ったら、「市民革命を経ていない江戸時代に、市民がいたはずがない」と指摘・批判されたと述べている。

では、わが国に「市民」はいたことがあるのかというと、歴史上一度もいたことはないし、今もいないと言っていい。

まず「市民」について辞書的な解説を見てみよう。『ブリタニカ国際大百科事典小項目辞典』（ブリタニカ・ジャパン）では〈ある国家、社会ならびに地域社会を構成する構成員（メンバー）を意味し、国家においては国民、市などの行政単位においてはその住民をさす。ただし本来の意味は多岐にわたり、古代都市国家や中世都市においては政治経済的特権を保持した自由民をさした〉とある。

また、『大辞林』（第三版、三省堂）では、〈①その市に住んでいる人。また、都市の住人。②国政に参与する権利をもつ人。公民。中世ヨーロッパ都市の自治に参与する特権をもつ住民に由来する〉と解説している。

これらの説明からは、市民という言葉を普通の感覚で都市の構成員という意味で使っても、うるさく批判される必要はないと考えるのだが、特権の保持だとか自治への参与だとかというと、江戸の町民を始め、わが国での都市生活民はどうだったのだろうか。

ブリタニカには「政治経済的特権」とあるが、都市生活民が持っていた特権がなぜ生まれたのかの根源を考える必要がある。何もせずして特権といわれるほどの特別の権利が得られるわけがないからだ。この市民としての権利がどこから来たのかといえば、当然だが「市民としての義務・責任を果たす」ことで得られたに違いない。

都市城壁内に暮らして外敵からの安全が保たれた生活を享受するという権利を得るためには、城壁内に暮らすための責任を果たさなければならなかった。城壁はイザ戦争というときに備えるインフラであるから、「イザというときに城壁内での暮らしを守る責任を果たす」というのが、第一の責任である。

ある人は兵士として、ある人は武器の製造や修理の技術者として、ある人は壊された城壁の補修や改築の技術的専門家として、ある人は食料の調達・配送の責任者として、など、多くの人々がそれぞれの領域で組織的に組み立てられた責任を果たさなければ、戦いに勝つことはできない。日頃からこれらの訓練に参加する責任もあったに違いない。この責任を果たすことを誓った人だけが、城壁内に居を構えることが許されたのである。

さらに果たさなければならない第二の責任は、「平穏時の長い年月の間、狭い城壁内に多くの人がトラブルなく暮らしていく」ための暮らしのルールの確立とその受容である。

パリを見ても、シテ島周囲から始まった都市城壁は、人口増加などの時代の変化とともに拡大し、最終的には周囲三四キロメートルという大きさになったが、いつの時代にも大勢の人が肩がぶつかるようにひしめきあって壁の中で暮らしてきた。しかし、都市規模が大きくなると、全員が顔見知りというわけでもないから、わが国のように「みんなでとことん話し合って、みんなで守りごとを決め、みんなでの約束として遵守する」というわけにはいかない。

厳密な表現の文章による成文のルールを定め、それを守ると約束する人だけが城壁内に暮らすことができる権利を得るということにならざるを得ない。ルール違反者に対する処罰もあらかじめ厳格に定めておく必要があったし、違反者を取り締まる公安の仕組みも、公平かつ迅速に裁くための裁判システムも用意したのである。

特権を持った市民は、普段からルールを守り、非常時のイザという時も城壁内に暮らす構成員としての「責任を果たすことをあらかじめ約束した人々」だったのである。石川氏に対してなされた「市民とは市民革命を経た者」との指摘は何を指すのか意味不明だが、このように、紀元前から城壁を造りその中で暮らしてきたパリで言えば、フランス革命以前から市民は存在していたのだ。

こうして「公」は発見された

市民が生まれたということは、「公」の確認や発見があったと言っていい。個人の生活を守るためには、「私」に優先する「公」というものが不可欠だという発見なのである。

では、この発見はいつ頃なされたのか。紀元前三世紀頃のパリの始まりであったシテ島が最初なのかというと、もっと遙かな昔である五五〇〇年前のシュメールの都市国家の時代にまで遡る。

この時代のこの場所で、王政という統治制度が生まれ、宗教が生まれ、少し後には文字が発明されるという今日につながる文明が生まれた。都市城壁が文明を生んだのだが、城壁内で暮らしていくためにもつべき「公概念」もすでに獲得されていたと考えられる。

それは端的な表現でいえば、都市計画と個々の建築との関係でいう「計画なきところに建築なし」を受け入れる精神といってもいい。土地利用にしても何にしても、「私」に優先する「公」があるとの考えの受け入れこそ、市民の誕生だったのである。

このように市民とは権利に見合う義務を負う覚悟を持った人たちを指すということになると、市民運動とは、「要求する権利に相当する義務や責任を引き受ける」運動ということになる。

わが国の市民運動というものを見てみると、「権利に見合う責任を引き受ける」という覚悟が感じられないものが多い。多くが市民活動と称してはいるものの、この意味では主張するだけの「住民運動」にとどまっており、われわれが市民だというのはやはりかなり苦しいのだ。

繰り返しになるが、「市民とは、責任を果たすことを約束したことで安全な城壁内に住む権利を得た人」を指す言葉なのだ。革命を経たかどうかなど何の関係もない。この責任の内容を総括すると、「皆（自分を含む）の利益になることについてもきちんと責任を果たす」ということになる。自分の直接的利益とならなくても、「みんなで、みんなのための」責任を果たすということだ。みんなの利益が確保されなければ自分の利益は生まれないとの認識だ。つまり「公益」のあとに「私益」がついてくるとの認識である。

一三世紀イタリアの哲学者ブルネット・ラティーニは、都市を次のように定義している。

「都市とは一つの場所に住み、一つの法の下に生きるために人々が集まったものである」

このように都市とは皆でルールを守ると誓いあった人々の空間なのである。

城壁都市カルカソンヌに見る公益

序でも紹介したように、フランス南部、ピレネー山脈の麓にカルカソンヌという美しい町がある。世界遺産にも登録された城壁都市で、フランスではモンサンミシェルに次いで観光客を集める観光都市だが、パリから遠いピレネー山脈のすぐ北側ということもあって、日本人観光客はあまり行っていない。この地は紀元前の昔から大西洋と地中海を結ぶ交通の要衝として重要視され、城塞が建設されてきたが、三世紀から一三世紀にかけて、幾多の戦いを経験しながら、改築を繰り返し、城壁都市としての完成を遂げてきた。

旧市街「シテ」を二重壁で取り囲む独特のこの城壁都市は、フランス、スペイン、サラセンなどとの攻防の時代でこそ戦略的に重要であったが、その後フランス領として落ち着くと、時代から取り残され、結果的には朽ちていきながら保存されてきた。一九世紀末の大補修によって、今日の観光地としての風貌を回復できたのである。

観光案内や城壁探訪などにもときどき紹介される美しい城だが、この城をめぐって行われた戦いの歴史にこそ注目したい。この都市は紀元前何世紀もの昔から、要塞としての体裁を持っていたことが知られている。このことは、この地での戦いが、大昔から凄惨なものであったことを示している。ヨーロッパでは城壁都市をめぐる攻防戦はいつの時代にもあったし、どこでも起こったことだから、個々の城では、強調して紹介されることはない。

日本語の城壁探訪誌でもこのカルカソンヌでの戦いの歴史はまったくといっていいほど紹介されていない。しかしこの城も、何度も何度も籠城戦を経験している。最も厳しい籠城戦はカール大帝からの攻撃を、五年にわたって持ちこたえたというものである。

城壁の中にいなければ、ほとんど命の保証はない。散居せざるを得ない農民は別として、領主やそれに従う軍団は最大の攻撃の対象であるから、彼らは城の中にいて籠城戦を戦わなければならない。さらに領主や兵士を支えて商工業などに従事する人々も城内に囲い込んでいないと、武器の補修も病人やけが人の手当てもできない。城壁の中にいなければ、惨殺の危険と同居することになる。

また城の一部でも打ち破られると、それは全員の死を意味したから、城壁内の者はみずから分担箇所の防御責任を負うとともに、その立場よりも高い視野から、防御の弱点に気を配る必要もあった。さらに彼らは、攻防戦全体を知る上級の者による、敵の主力に対して対抗したり、味方の弱所を応援したりするための指揮に従うことを受け入れなければならなかった。

これらは、彼らが細部に拘泥するよりは、大所からの物見に優れている点を持っていること、系統的な指揮命令を徹底的に追求すること、違反に対する罰則に厳格性を持つことにつながっている。一人の命令違反が全員の命に関わることとなることから、絶対権力への絶対服従の歴史を持つことになった。

さて、狭い区画の中で、大勢の人が共同体生活をするからには、個々が我を張っていたのではどうしようもない。彼らが城壁内に都市を構成して暮らしていくためには、水の分配から、土地の使い方、道のはりめぐらせ方など、全体の利害に関わる事柄は、常にいざというときを考えて、全体の利益（＝公益）を優先せざるを得なかった。

したがって、彼らは都市に暮らすための必然として、ルールの作成とその受容というシューメール以来の五五〇〇年の歴史を持っている。都市の構成員（＝市民）であるために持つべき、義務と権利、公益と私益の概念について、城壁を一度も必要としなかったわれわれとの間に、想像を絶する懸隔を生んでいる。

城壁に守られることで、五年間も戦うことができた都市、カルカソンヌ。そこを訪れるのであれば、共同体化した市民が、それぞれの役割を厳格に果たしながら、大軍と対峙した五年に思いを致すべきであろう。飢えと不安に耐えた五年という時間の長さに、われわれなら耐えられたかを考えるべきだろう。朝鮮半島からイギリスに至るまでの長い歴史を持つすべての国が経験した、凄惨な殺戮をともなった厳しすぎる戦争の歴史を想起するべきだろう。

厳しい自然災害はあるけれども、人と人との紛争を、皆殺しによって解決しなくてもよかった国に住んでこられた幸せを感謝したい。そしてわれわれ日本人は、五年間もの籠城戦を戦い抜くことなど、絶対にできるわけもないこともよく自覚しておきたいのである。

第四章

なぜ日本人は権力を嫌うのか

分散した平野の小さな共同体

渡辺尚志氏は『日本人は災害からどう復興したか　江戸時代の災害記録に見る「村の力」』（農山漁村文化協会）の中で、江戸時代の村について次のように述べている。

〈江戸時代における全国の村の数は元禄十年（一六九七）に六万三二七六、天保五年（一八三四）に六万三五六二でした。現在の全国の市町村数は約一八〇〇（筆者注／直近では約一七二〇）ですから、単純に平均して一つの市町村に三五程度の江戸時代の村が含まれていることになります。現在も市町村の中にある大字は、江戸時代の村を引き継いでいるケースが多くあります。

一八世～一九世紀の平均的な村は、村高（村の耕地・屋敷地全体の石高）四〇〇～五〇〇石、耕地面積五〇町前後、人口四〇〇人くらいでした。

江戸時代の村は、今日の市町村と比べてずっと小規模でしたから、そのぶんそこに暮らす人びとの結びつきは今日よりもはるかに強いものでした。

農作業から冠婚葬祭にいたるまで、日常生活全般にわたって、村人同士が助け合い、また規制し合っていたのです。江戸時代の村が共同体だといわれるゆえんです〉

彼が述べるように、江戸時代の村の規模は非常に小さなものであった。明治初めに調査された村の数も、全国で約七万程度だったといわれているから、江戸時代には非常に小さな集落でお互いが顔見知りといえる範囲で暮らしてきたのである。

また、縄文時代についていて、いろいろな発見があった青森県の三内丸山遺跡は、縄文時代としてはかなり大きな集落だったようだが、人口は四〇〇～五〇〇人程度だったのではないかと推定されている。

つまり、日本人は縄文時代から江戸時代に至るまでの長い間、ほぼその程度の人数で共同体を構成して暮らしてきた民なのである。

狭く小さく分散している平野の、きわめて小さな集落の中で、歴史のほとんどの期間を暮らしてきたことが、われわれを規定しているのである。

ここでは、何千年という期間にわたって、顔見知り仲間が共同作業によって、灌漑設備の設置や水の配分・田植え・稲刈り・道普請・屋根の葺き替え・冠婚葬祭などを協力し分担して行うという暮らしをしてきた。

その結果、集落の中でのもめ事を最も忌避し、全戸参加による話し合いによって物事を定めたり、争いごとを解決してきたのである。これが、われわれ日本人の秩序感覚を磨いてきたのである。

四方を急峻な山々に囲まれた盆地か、または山々に三方を囲まれて、一方だけが海に開けているといった小さな扇状地で暮らしてきたのが、私たちであった。

なぜこれらを強調しているのかというと、大きな平野が広がっている中国の中原やヨーロッパでは、こうした狭い領域にのみ閉じこもって暮らすということがなかなか困難であったということとの対比で述べているのである。

大平野の世界では、広域を支配するために大きな権力がうまれ、その権力が周辺の権力をのみ込んでさらに大きな権力となって、広大な地域を統治するという政治形態を生んでいったのである。

「権利」という言葉を持たなかった日本人

何事につけても集落を単位として行動し、決定するということになると、土地についても集団的な考え方が生まれてくる。われわれの集団指向を理解するため、江戸時代以前の土地所有観を振り返ってみたい。

村の土地は誰のものかといえば、耕地は個々の家のものであると同時に、村全体のものであるという観念が共有されていた。また同時に、観念的ではあるが、これらの土地には幕府や大名、旗本もそれらの上位の土地所有者として存在していた。

こうした様々な部分的な所有権が、一つの土地の上に重層的に存在していたのが、江戸時代までの所有観である。

近世には、一枚一枚の田が、水脈的に見ると独立していないことが多かった。個々の田が個別に用水路から取水する仕組みにはなっておらず、多くの田で「田越し灌漑」が行われていた。これは用水路から水を高い所の田に入れ、そこから低い田へと順々に落としていく方式である。

田越し灌漑では、一枚の田にいつ水を入れ、いつ田植えをするかについて、その田の所有者が一存で決めることができない。つまり、百姓たちは自家の都合だけで、各種農作業の時期や、作付作物の種類を決めることはできなかったのである。

このことも、農地が個人のものであるとともに、集落＝村のものでもあるという、所有の重層観念につながったのである。

また、村の農地には、洪水等の被害によくあうところとそうでないところがある。このため災害による損失が特定の人に偏らないように、村の中で農地をローテーションしながら所有し耕作することもあったといわれる。これは土地は個人のものではなく、村のものと考えなければ到底できることではない。

さらに、村請制といわれるように、年貢を納める責任が個人ではなく、村全体にあったことも土地の所有観に与えた影響が大きい。領主にとってもその方が何かと便利であったし、収入も安定したに違いない。

江戸時代には、何事においてもそもそも「所有権」という観念がなかったとの説もある。われわれは「権利」という言葉ももたなかった不思議な人々だったのだ。

一つに溶け合う「共」を発見した

先に、われわれ日本人は小集落の「お互いが顔見知り」という程度のコミュニティを単位として生活してきたことを示した。高い山に囲まれた盆地であるとか、一方のみが海に開けて後ろは山々であるといった自然の地理的条件が、小さな平野しかわれわれに与えなかったからであることを明らかにした。

平野が延々とつながるヨーロッパや中国では考えられない孤立した小さな生活単位しかなく、そのため大きな権力を生まず、権力による支配に依るのではなく、仲間内の徹底した話し合いによって地域をまとめてくることにもなったのである。

この小集落民であったことは、われわれに何をもたらし、どのような違いを海外の人々との間に生んできたのかについて、しばらく概観をしてみたい。

日本では、小集落の顔見知り範囲が何かをする場合は、自然災害に対応するにしても、何でも一緒に行うことで、問題を処理してきた。

この規模の集落では全員が毎日のように顔を合わせる顔見知りであるがゆえに、お互いがぎりぎりとした緊張感を持たなくて済むように仲良く暮らしていくことが最優先となったのである。したがって集落での決定事項は、後で解釈をめぐって紛議の起きやすい成文的な取り決めはむしろ忌避され、皆の話し合いによる申し合わせで物事が決められた。

民俗学者の宮本常一氏が記録したように、この話し合いは全戸が賛成するようになるまで徹底して行われ、事柄によっては反対者がいなくなるまで三日三晩もかかったという。

ここにも、申し合わせの遵守と仲間との共働は存在したから、ヨーロッパのように「公の発見」があったといってもいいように思えるのだが、「顔見知り仲間での緊張を高めない」ことが絶対的に優先されたために、ここにあったのは「厳密なルール化とルールの厳格な遵守」ではなく、「問題が起こっても何となく三方一両損的な曖昧な解決のできる取り決め」であった。これでは、個に優先する公の発見とまではいかないと考える。

この精神は今日でも何事につけ「話し合い」を尊重することにも生きているが、わかり易いのが「けんか両成敗」という考え方を今でも受け入れていることである。どちらに非があるかを探ろうとせず、理非はともかくとして「争っていること」がいけないという精神なのである。とにかくもめていたのでは双方が成敗されるというのである。

兄弟げんかが起こると、お母さんは「とにかくけんかはやめなさい」とは言うが、兄弟のどちらに非があったのかを詮索し追及することはしない。またその結果によって裁くこともしない。せいぜい「これからは兄弟仲良くしなさい」と言うくらいである。西欧人には、これがまったく理解できないといわれる。

また、小規模集落であったから、大人数を動員できないため新田開発や灌漑設備も小規模なものにとどまらざるを得なかった。わが国での大規模な国土開発は、江戸時代初期の全国各地の大名による大河川改修まで待たなければならなかったのである。

つまり、小集落には大権力は不要だった。われわれに強いリーダーシップを忌避する感覚があるのは、この歴史的経験のゆえなのである。

ここでは、文書化された約定は必要なく、むしろそういうものがあることによって、この約定にたがえなかったかということをギスギスと吟味しなければならないという事態が生ずることを避けるためにも、曖昧な表現で皆が守るべきことを定めていった。そして、それに違反した者への処方は、その時々の状況を考えながら、臨機応変に皆で判断していった社会であった。

それは市民憲章的な成文法、あるいは個々人の利害に優先する「公」の発見というよりは、共にあることを何より優先するという「共」の発見というべきものなのである。

つまり、ヨーロッパでは「公」が生まれ、それが今日の「市民」につながっているが、私たちは「共」を発見して、共々にあることを何より尊び喜ぶ文化、話し合いで決まったことが何よりも優先されるという融合の文化を生んできたのである。

現代社会は話し合いに優先する規則がなければ成り立たないが、援助交際に走った少女が「私たちが話し合って行ったことなのに、何でいけないのですか」という問いを発するほどに、今でもわれわれを拘束しているのである。

「公」というのは、バラバラに独立した個を、責任主体としての個は個としたまま集合化するための論理や知恵であった。

「共」というのは、一人一人が個というものを打ち消して、隠しきって一体となって溶け合い、「全体が一つになっている」状態である。これがわれわれの理想の状態なのであった。それを個に分離するなど無理難題もいいところで、「個」の強要はわれわれには困難なのだ。

土地所有概念が革命的に変わった明治六年

ヨーロッパと日本の農村部は、土地をめぐる封建制を持っていたことが共通するように、実は非常に似通った状況にあった。土地を耕す権利を得ることで、年貢の責任を負うといった関係が日本にはあったし、ヨーロッパでも農村地帯の農民は、年貢納税の義務を果たすとともに、いざという時は、兵となって領主の命令に従うという義務を果たすことの反射利益として、土地の耕作権を得ていたのである。

共に果たすべき義務があって、その引き換えに土地を所有し耕作する権利をもつということは、双方とも同じだった。

日本の場合は、領主というよりは村の存在が非常に大きいものであった。江戸時代の農民も、土地を売ったり質入れしたりすることはできたといわれているが、その場合でも、村の承諾が必要であった。

これを見ても明らかなように、個々の耕作地は「村有でもある」という観念を持っていたのである。

こうしてみると、江戸時代の農地には、もちろん耕している個人のものであり、そして村のものでもあり、そしてその村が属する領主のものでもあり、という土地所有の重層性、あるいは上級所有者と下級所有者といった感覚があり、ヨーロッパの農地所有の感覚と、まったくといっていいほど似通った関係があったのである。

そのヨーロッパと日本という同じような重層的土地所有概念をもっていた両者が、近代的土地所有制の国となった。

述べてきたように、江戸時代には土地の絶対的で排他的な所有者はいなかった。大名の支配地はあっても、それは所有感覚で支配しているのではなく、将軍による領地指定の結果、「たまたまその領地を預かっている」に過ぎなかったのだし、耕作地も耕作者個人の所有というよりは、「集落に耕作を認められている」という程度のものだった。

ところが、日本では、明治六（一八七三）年の地租の導入により、それまでの年貢という「土地の生産性にかかっていた税」を払えば、耕作権が保障された時代から、「土地の流通価値に基礎を置いた地租」をおさめることで所有権が認められるという革命的な変更が行われた。納税の責任者が「使用者」から「所有者」に変わったのである。

ヨーロッパでも同様の変化があったが、ヨーロッパではそれまでもっていた土地所有の重層性とともに、土地所有には「公的」な責任を果たすことを優先する制約があるという概念を同時に持ち込めたのに対し、私たちの国では、それができなかったのである。

それはなぜなのか。

「絶対的土地所有観」はなぜ生まれたか

大きな違いが生まれたもととなったのは、日本では村の近くに「公」を自覚した市民から成る都市が存在していなかったが、ヨーロッパでは市民が確立していた都市を取り巻く形で農地が存在したことである。

日本にも、江戸時代には、江戸や大坂・京・名古屋という都市があった。それらは人口が集積した都市だったには違いないが、ヨーロッパの City Wall の中に形成された都市とはまったく異なるものだった。

どういうことかと言えば、たとえば、江戸は人口一〇〇万を抱え、五〇万人の武士と五〇万人の町民が住んでいたというが、この五〇万人の町民が、一つの共同体、自治体であったことは一度もない。

五〇万人の町民は、それぞれ木戸に区切られたきわめて小さなエリア単位に自治が行われていた。その木戸の中での共存調和が図られ、顔見知り範囲の人々の中で何事も処理されていた。落語に出てくる大家さんとその店子(たなこ)たちといった単位で成り立っていた。つまり木戸内住民はいたが、「木戸連合」があったわけでもなく、全体意志をもつ「江戸市民」がいたわけでもない。

狭い城壁の中に住むがゆえに、都市全体を考えた土地の地割や水の配分、道路その他の公共物の配置というものがまず優先されるということを受け入れたり、いざという時には、城壁の守りにつくという義務を負うといった責任感を日常意識しているという存在が「市民」だとすると、そういう人々がこの国にいたことはなかったのである。関心はあくまで木戸内での責任でしかなかったのである。

一方、ヨーロッパの都市には「私」に優先する「公」を受け入れて市民となった人々がいた。そのためヨーロッパでは、近代的土地所有の時代になったとき、都市市民が獲得していた「公」の概念を、「土地所有は公的な利用を優先し、それに反しない限りで認められる」という制約を受け入れるかたちで農地にも援用することができたのである。

つまり、かつての農村での「いざというときには兵士としての義務を果たすことで、耕作権が認められている」という重層的土地所有観が、近代になって「公的目的を優先することで、私的私有を認められる」というものに変化したのである。

ところがわが国では、都市の周辺に農地があり、都市は農地とのやりとりで存在し得ていたというものの、都市には「公」概念が育っていたわけではなかった。そのため、農村にはわが国でも存在していた土地所有の重層性が、「公」概念に収斂していくことがなかったのである。わが国独自とでもいうべき世界的にもまったく希有な

「絶対的土地所有観」が誕生してしまったのである。

江戸時代までは、ヨーロッパのように「土地保有の公共性・公共優先概念」という感覚を持っていたのである。ところが、なんということか地租の導入という土地課税方式の変更という技術的な政策変更のために、所有観の革命が起こったのである。

一〇〇〇年以上も保持してきた土地の収益性への課税（＝年貢）から、土地の交換価値への課税（＝地租）という変更を受け入れた結果、税の納入責任者としての土地所有者の確定が行われた。このときに、それまで持っていた土地所有の持つ公共性を実質的に放棄してしまったのである。

司馬遼太郎氏は、「明治一〇年頃までは理想的な成功国家であった」という意味のことを、日露戦争以降の誤りへの転落と対比するかたちで書いている。しかし、この一〇年の間に、当座の税収確保のために（明治初期の政府税収は地租が圧倒的シェアを占めていた）「収益から交換への」土地税負担の革命的な変更が実施され、その後の各種政策に大きな悪影響を与えているのである。

チームを組めば大きな力を発揮する日本人

ドイツ憲法第一四条第二項に、次のような規定がある。

〈所有権は、義務を伴う。その行使は、同時に公共の福祉に役立つべきものでなければならない〉

所有権の概念がわれわれ日本人とかなり異なっており、所有するものに応じて、所有権に随伴する制限や義務の大きさが変化するという機能的所有権という概念をドイツでは受け入れている。

イタリア憲法にも第四四条に「土地所有権の規則」という同様の条文があり、「法律は、私的土地所有権に義務および統制を課し」と憲法が規定しているのである。

フランス憲法にはこのような規定はないが、フランスでは公共事業などが「公益認定」(公益にかなう事業と認定すること。わが国の収用認定にあたる)されると、もはやその事業の公共性について裁判を行うことはできず、ただ用地単価についてのみ争うことができる。わが国では、すでに工事段階に入っている土地の買収をめぐって、事業の公益性を争う裁判が行われるという事態が生ずる例がある。このような例を見ると日本人は、土地所有には公益優先という制約があることを受け入れているとはとても言えない。

このような歴史的経緯から考えても、われわれ日本人が「公の発見」をしていたと考えるのは難しく、日本人社会は「顔見知りのお互い同士での取り決めと共働」、つまり「みんなでともに」という「共の発見」で成立していたと考えるのが適当だ。

誤解のないように付言しなければならないが、これはどちらかが進んでいるとか、後れているという性質のものではない。彼らは「公を発見」したが、われわれは「共を発見」したということだけなのだ。

このことは「個人の責任を明確にせず、チームを組んでそれを責任単位とすれば大きな力を発揮する」のが日本人であるのに対し、彼らの世界では、「個々人の責任範囲を明確にして、一人一人の評価がはっきりすることで力を発揮する」といったきわめて重要な違いになっているということなのである。

この違いは、われわれと世界の人々とを隔てるトンデモ級の違いであることを、よくよく理解しなければならない。

日本では「権力」が脇役

日本について、中国人の比較刑事法学者である王雲海（おううんかい）氏（一橋大学教授）は次のように述べている。

〈（前略）日本社会または各集団内部においては、その構成員が文化意義上の「正統性」を常に求められて、「正統性」の獲得をめぐっての競争が絶えず展開されている。（中略）「正統性」の中身は、伝来的なものと、その集団または場面の雰囲気から来るものの両方からなり、「常識的」「我々的」「日本的」といった形で暗黙のうちに認識されている〉

〈（前略）日本社会においては、社会現象を最も多く決定し、個々の国民の行動や生活に最も大きな影響をおよぼすのは、権力でもなければ法律でもなく、むしろ、それら以外の「非権力的で非法律的」な常識、慣習、慣行などの、公式化されていない、民間に存在している文化的なものである〉

〈日本社会では、政治が変わっても社会があまり変わらないことや、権力が混乱しても社会が混乱しないことは、まさに、日本において権力が「脇役」であることを物語って〉いる（以上、『「権力社会」中国と「文化社会」日本』集英社新書）。

彼は中国が「権力社会」であると規定したうえで、日本については「文化社会」だという。つまり、日本の安定した秩序の要因は「文化社会」で、ここで文化と称するものは高尚な意味を含むものではなく、伝統や慣習、常識などだと言うのである。

また、生態学者の高谷好一氏（京都大学名誉教授）も、「日本の秩序感覚を生んだのは地縁型の共同体の伝統」（『ＴＰＰと日本の論点』農文協ブックレット所収「ＴＰＰの先輩＝プランテーション農業という犯罪に押し潰された東南アジア農村社会」）という見方を提示している。

さらに、フランス人ジャーナリストのレジス・アルノー氏は、日本社会について、「日本が安全なのは警察のおかげじゃない。（中略）（日本の）最大の強みは、自分もコミュニティーの一員だという意識の強さだろう」（『ニューズウィーク日本版』二〇一二年一二年二六日号）と述べている。

第一帰属への忠誠心

日本人が小集落での暮らしやすさを何よりも大切にして融け込むように暮らしてき

たことが、王雲海氏らの指摘の根源となっている。小集落での間でいさかいが起こらない、仲良く暮らす、ギスギスした関係をつくらないということが何より大切なことだったが、その小集団とは何かをもう少し分析すると、自分と運命を共にする人々から成る集団とでもいうべきものだったのではないか。

この運命を共にする集団に対する私たちの忠誠心というものはきわめて高く、今日の組織でいえば、「人事が完結している単位」とでもいうべき組織である。これを「第一帰属」という表現をすれば、第一帰属への忠誠心が強烈に強いというのが、私たち日本人ではないかと考えている。

川島武宜（たけよし）氏は『日本人の法意識』（岩波新書）の中で、『国体の本義』（昭和一二年、文部省）を引きながら、〈（前略）「和の精神」ないし原理で成りたっている社会集団の構成員たる個人は、相互のあいだに区別が明らかでなく、ぼんやり漠然と一体をなしてとけあっている（後略）〉（傍点川島）と日本人の特性を述べている。

紹介してきた研究が示すように、われわれは「個」を主張することなく、第一帰属たる集団に「個」を溶かし込むようにして暮らしてきたのである。

このことが、後に詳しく示すように、「帰属を失ったときの」絶望的ともいえるわれわれ日本人の弱さにつながっている。

「ふるさと」と相互承認の場

文部省唱歌の『故郷（ふるさと）』の三番は、「志を果たして、いつの日にか帰らん、山は青きふるさと、水は清きふるさと」というものである。

これは、頑張って出世して、やがてはふるさとに戻るという内容である。つまりふるさとの共に育った仲間たちに、自分の栄達した姿を承認されることが最もうれしく、そのために頑張るといったことが歌の内容になっている。それほどに、私たちは「仲間内からの承認」に重きを置いてきた民族なのである。

増田寛也氏（元総務大臣）は、人口の一極集中問題に警鐘を鳴らし、このままでは「壊死する地方都市」が生まれたり、人口が消滅する地域が生まれると指摘している。

東京・首都圏は、一九五〇年には総人口の一五％を占める都市圏であったが、二〇一二年にはなんと三〇％も占めるようになった。

これは、パリやロンドンなどが今でも全人口の一五％のままで、人口比率をまったく増加させてこなかったことと著しい対照をなしている。おまけに、世界の大都市の中で東京・首都圏だけが近い将来、大地震などの大災害に遭遇することが確実といわれているのだから、国家存続の危機とでもいうべき大変なことが進行しているのである。

この現象は、人口減少時代において「地方では人口の自然減を加速するように社会減が継続している」ことを意味している。また、イタリア・フランス・イギリス・ドイツなどでは地方の衰退は生じていないが日本では生じていることを示している。東京の大学生に出身地を聞くと、多くが東京都や首都圏と答えるようになった。首都圏の中心地は、かつて日本人が思いを抱いた「ふるさと」の情景を持ってはいない。「うさぎ追いし」までは求めないにしても、緑豊かな自然の森、小川のせせらぎの澄んだ音と水の流れ、飛び交う昆虫や鳥たちなどが、日本人の「ふるさと」だったのである。このいつかは戻るべきふるさと、相互承認の場を喪失して、われわれ日本人に行きつくところなどどこにも存在しないのである。

溶け込んで一体となった顔見知り集団は、美しく言えば絆が深いのだが、それは束縛がきついということでもある。このまとわりつくような濃い人間関係は、個人主義の戦後の教育もあって、若い世代から忌避されている。

しかし、それを拒否したところで「東京砂漠」の中で「孤独死」という死に至るまで漂うだけなのだ。新しい時代にふさわしい「ゆるやかだが確かな」絆の構築が進んでいないのが悲劇なのである。

第五章

なぜ日本人は中国人とここまで違うのか

中国は「権力」を発見した

都市城壁をもつシュメールからの系譜を引き継ぐヨーロッパでは、城壁の中に暮らすその統治システムとして「公」を発見したと説明してきた。

成文法的な守るべきルールを定め、それを遵守するとの誓いを立てた者が城壁の中で暮らすことができ、ルールに違反したものに対する刑事的・裁判的システムも用意してきた。「私」に優先する「公」を発見し、それを育むことによって、彼らの統治観や秩序観が生まれてきたのである。

そう考えてくると、同じように太古の昔から、城壁の中に都市をつくり、城壁を守ることで都市内での生存を確保することができた中国人が、同じような「公」の発見をしたのだろうか、という疑問にたどり着く。

中国人の行動や中国社会の動きから考えると、中国人はヨーロッパ人のように「公」を発見しておらず、その代わりは権力だったのではないかと考え始めていたとき、先述した中国人の比較刑事法学者、王雲海氏の著書『「権力社会」中国と「文化社会」日本』（集英社新書）に出会った。

彼は次のような趣旨のことを述べている。

中国は大陸国家であるため、民族の移動や対立が激しく、定住型の社会をつくることができなかったがゆえに、中国の社会の原点は国家権力に他ならない。
中国の法治主義とは、上級の権力者が下級の権力者に自分の意思を忠実に実行させるための規制に過ぎず、国家権力を超越し、それから独立し、それをも支配下に置くような普遍的な法体制ではない。
そして、
〈(前略)「社会体制」が権力を規定するのではなく、権力が「社会体制」を規定する。権力が「社会体制」のなかにあるのではなく、「社会体制」が権力の下にあるのである〉
という。つまり、中国の秩序を形作っているのはむき出しの権力だということだ。
さらに、中国社会の特徴を三つ挙げている。
第一は、社会秩序は常に強い「政治性または権力性」を有していること、
第二は、社会秩序は常に強い「物理性」を有していて、個人の時間や空間を最大限にまで制約するシステムであること、
第三は、このような社会秩序は、その「幅・範囲」が、権力側の判断でしばしば大

きくなったり小さくなったりすること、だというのである。

彼は長い中国の歴史を眺めて、このように権力社会だったと述べているのだが、現在の共産党が支配する中国にもぴったり当てはまるのには驚きを禁じ得ない。

現代中国も民主主義の国ではないことをよく理解しておかなければ、何かと間違うことになる。最高権力は、ここで指摘されるように法体系の上に超越している。

わが国では、一八八九(明治二二)年にはすでに所得制限はあったものの選挙制度が導入されたし、一九二八(昭和三)年には男子については制限のない普通選挙も行われて民意を汲み取る努力をしてきた。中国ではこのような選挙は「史上かつて一度も行われたことがない」ことを十分に認識しておく必要がある。民意を反映するシステムを持たないままの国なのである。

広大な地域の支配が必要な中国

中国が強大な権力で縛らなければ秩序が保てなかったのは、時代によって面積の大小はあるもののヨーロッパなどと比較すると統治エリアがきわめて広大だったこともあるのではないかと考える。

図表19（一五九ページ）は、ヨーロッパ中心部と中国中原部の平野の広がりを等縮尺で見たものである。中国が広い平野を持っていることがわかる。

権力の集中こそが広大な地域の支配を可能にしてきたに違いない。また、耕作地の灌漑などを考えてみても、広いエリアに水を引くためには大規模な土木工事が必要だが、そのためには大量動員できるだけの権力がなければならない。

日本のように、細かな平野が分散的・孤立的に存在しているのであれば、強大な権力は必要なかったし、また生まれもしなかった。これは日本人の強権への拒否や忌避という性癖にもつながっているし、逆にいえば中国人は強権力好きということなのかもしれない。

隋の煬帝は、六一〇年に総延長二五〇〇キロメートルにも及ぶ京杭大運河を完成させたが、このため一〇〇万人もの動員を行ったという。この時代に、これだけの動員ができるだけの権力集中が中国にはあったということである。

都市どころか国を壁で囲んだ理由

中原に頻繁に侵入を繰り返した「蛮夷」とは、中国人とは生活習慣の異なる人々の意味で、「蛮、夷、戎、狄」すなわち「四夷」が洛陽盆地周辺で接触していた。中原（中国）とは、昔は河南省の黄河中流から山東省に細長く伸びる平原地帯のことであった。東西南北に存在した「蛮夷」は、「東夷」「西戎」「北狄」「南蛮」と呼ばれている。

図表20（一六一ページ）は、紀元一年から一〇〇年までの百年間だけをとって、中国への周辺の異民族の侵入状況を見たものである（『世界史大年表』山川出版社を参照）。ヨーロッパでも、バイキングなどの侵入が相次いだ歴史があるが、中国における頻度と規模はそれをはるかに上回るもので、任意に拾い上げた百年だけでも、これだけの侵入があったのだ。これでは、これを撃退できるだけの力を民衆が支配者に求めるのは当然のような気がする。

そのため、中国では都市を巨大な壁で囲むだけではなく、国家そのものを壁で囲むという長城すらも計画せざるを得なかったのである。イギリスにもローマ帝国時代のハドリアヌスの長城などがあるが、その規模は比較にならない。

この万里の長城は、始皇帝の思いつきや歴代皇帝の嗜好だったというものではなく、

[図表19] **ヨーロッパ・中国の平野**

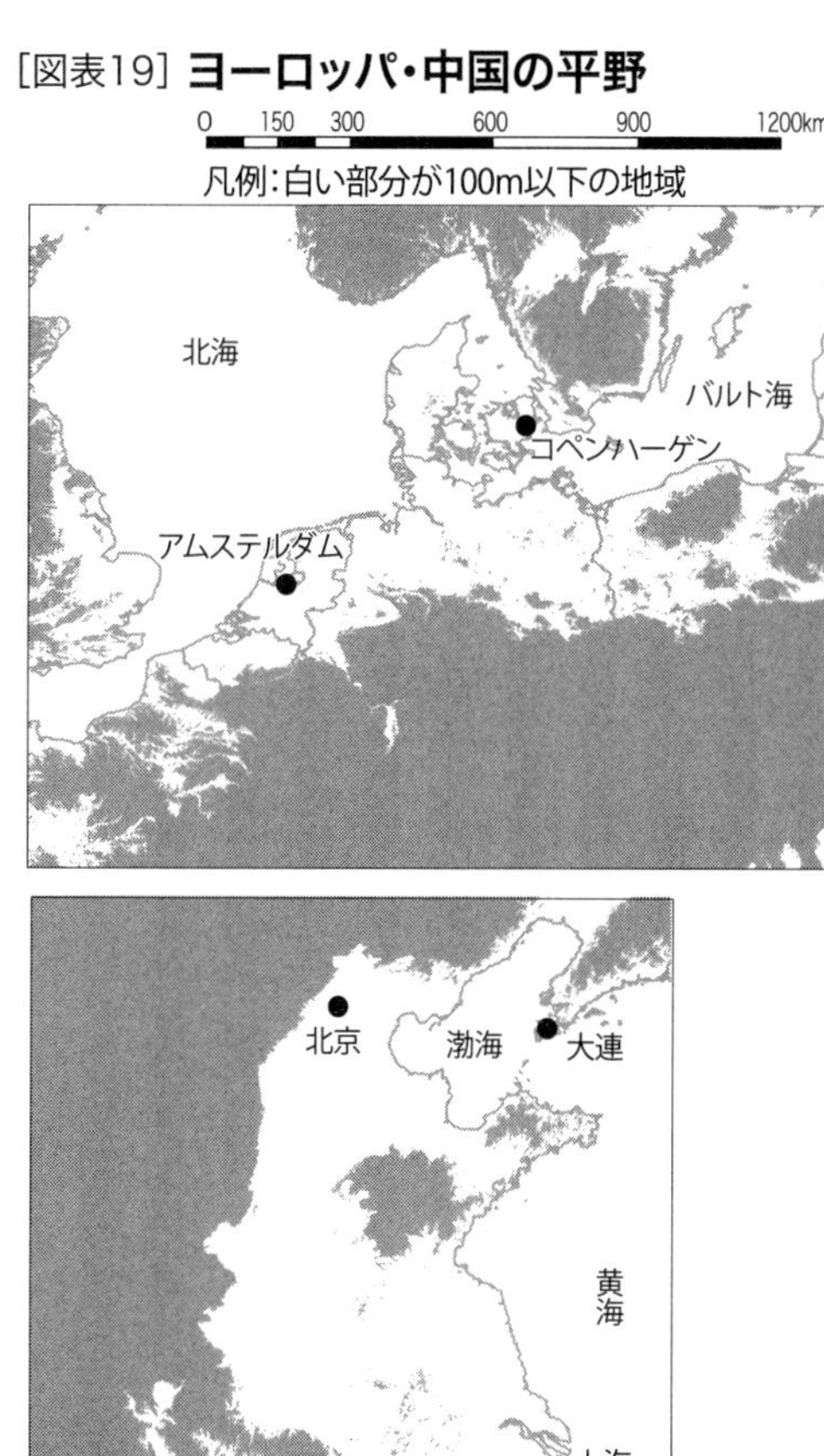

出典：国土地理院

何代にもわたり受け継がれてきた重要な国家的事業なのだった。つまり、中国中原部を支配するためには必須の長城だったのである。明の時代にはこの建設のために、国庫が空になりそうになったようだが、まさに国力の限りを尽くして建設してきた。

それが可能だったのは、もちろん皇帝の意向もあるが、民衆がその必要性を認めていたからに違いない。

「暴力」という伝統を持つ地域

こうした事情から、中国では国家が危機になるほど権力の集中が促進され、社会の内圧が高まっていく。その圧力が内部爆発を起こすほど大きくなると「易姓(えきせい)革命」の論理から、政権交代戦争が勃発するという歴史を生んできたのである。

易姓革命とは「姓を易(か)え、命を革(あらた)める」という意味で、天子は天命により地位を得るが、民衆の支持を失うなど徳をなくせば天命によりその地位を追われ、他姓の有徳者が天子となるという思想である。歴代王朝は、この思想に縛られてきたが、中国共産党という天子もこの考えに束縛され、徳を失って天命により「姓を易えられる」ことを恐れている。

[図表20] **中国の辺境との戦い**（紀元1世紀分のみ）

11年	匈奴　侵寇する
12年	東北辺境　侵略される
13年	西域諸国　離反
16年	匈奴を討つ
19年	匈奴　北辺侵寇激化
37年	匈奴　河東に侵寇
38年	西城　匈奴に苦しむ
39年	匈奴を討つ
41年	匈奴・鮮卑・烏桓などの侵寇続く
44年	匈奴　入寇
45年	匈奴・鮮卑　北辺を侵す
46年	匈奴を漠北に駆逐
62年	北匈奴　侵入
72年	匈奴征討
88年	北匈奴を討つ
90年	北匈奴の地を取る
91年	北匈奴を大破
96年	南匈奴との戦い

出典：世界史大年表（山川出版社）より筆者抜粋

中国四〇〇〇年の歴史というが、わが国とは異なり一つの王朝が連綿と継続してきた歴史ではないのであり、「正統」を求めて必ず暴力的な政権交代劇が繰り返されてきたのである。

つまり、中国という国家が続いてきたのではなく「中国と呼ばれる地域にかつては明や清があり、現在では共産党の支配する国がある」ということなのである。これは後に示す「万世一系」を国家の論理として持つ「日本という国」が存続し続けているのとはまったく異なる存在の仕方なのである。

ジャ・ジャンクー氏は中国の映画監督であるが、鬼才といわれ、海外で高く評価されている。彼は『週刊東洋経済』(二〇一四年五月二四日号)で次のように述べている。

〈暴力は間違いなく中国文化における一つの伝統です。(中略)これまでの中国の文化においては、暴力の有効性が強調され続けてきました。たとえば革命。革命はすなわち暴力で、暴力を通して初めて社会や人々の暮らしを変えることができたのです。

こういう状況が長期間にわたった結果、中国人は暴力だけが問題を解決できると考えるようになったわけです。困難な問題に直面したときに、発想の中に第2の選択肢がなく、暴力しか存在しなかったのです〉(改行は筆者による)

中国では、王朝の交代期に、ホワイト氏の研究で示したように、凄まじい殺戮をともなう紛争があり、その最終勝利者が次の政権を担ってきたのである。

元外交官の宮家邦彦氏（キヤノングローバル戦略研究所・研究主幹）は、〈中国共産党の統治の正統性は三つの柱からなります。第一は「中国の統一」。第二に「抗日愛国戦争勝利」。第三に改革開放政策による「経済発展・生活向上」です〉と述べている（『中央公論』二〇一四年五月号）。

彼は、経済発展はしたものの、経済の格差は開くばかりで、ごく一部の富裕層だけが豊かになったので、勢い、民族主義、愛国主義に依存するようになっているというのである。

中国人が生き延びる術

権力と暴力だけの世界ではさすがに人間は生きられない。

封建制を経験しなかった中国だから土地への執着性はあまり高くない。富裕層や政府高官が海外に不動産を所有したり財産を移したりしている様子は、中国人は「ふるさとに錦の御旗を掲げて帰る」といった感覚を持っていないし、そのような感覚を持てるような環境になかったことを示している。土地所有へのこだわりが、自己の存在規定となることはなかったのである。

彼らは、血脈にその救いを求めたのである。

わが国には「遠い親戚より近くの他人」の方が頼りがいがあるという意味の言葉があるが、中国では考えられない話だ。彼らは「親戚しか頼りにならない」世界に住んでいる。血のつながりしか信じられない世界だからこそ、血脈の団結は強いものがあるのである。

中国人の親類間の信頼関係の強さは日本人には想像を絶するものがあり、われわれの感覚ではとらえられないものだ。これは「他人とは敵でしかないものだ」という認識の裏返しであることを示している。

フランスの人口学研究者であるエマニュエル・トッド氏は、〈中国の家族システムの特徴の一つは、兄弟間の平等です。（中略）中国文化の深い部分に平等に関する強固な信念がある〉と述べている（『中央公論』二〇一四年五月号）。

中国人にとって平等は根源的な価値となっているとトッド氏は述べるのだが、血脈内での話としてなら理解できる。彼の言う平等指向は「安定した血脈関係の維持」に目的を持つものではないかと考える。

血統の伝統を考えるとき思い出すのは、現代中国建国の父のひとりである周恩来である。『周恩来秘録——党機密文書は語る』（上下、文春文庫）によれば、毛沢東との実に微妙な人間関係を乗り切り、天寿を全うしたのだが、その人生は波瀾万丈と言えるものだった。

この「秘録」を読むと、「人は正しいと信じることを言っておればいい」とか「正義は必ず報われる」「人は正直でなければならない」などということが、いかに複雑な社会や人間関係を乗り切るうえで、非常時を考えない薄っぺらな表現かと考えさせる。

普段は正直に暮らしていて何の問題もないが、自分の身に危険が迫る非常時には自分の考えを曲げて曲げぬかなければ生き延びることができず、生き延びなければ結局自分の考えを貫徹することなどできない苦しさが、この「秘録」には記載されている。狡猾と思えるほどの生き方だけが自分を救うのである。そして最終的に頼りにできるのは、血脈だけなのだということも「秘録」を読むとよくわかる。

長い歴史の中で中国人はこうして生き延びてきたのだ。中国人は正しいと証明されるまで信じないが、日本人は誤りとわかるまで信じ続けるということの違いを感得できる。

「考える」と「感じる」の違い

中国について付け加えておかなければならないことがある。中国で「殺し殺され」が大規模に繰り返し起こってきた歴史は、彼らに哲学的な深い思考をもたらしたということである。われわれの災害経験が「無常観」という感覚をもたらしたように、彼らの殺戮・虐殺の経験が、「人」や「思考法」などについての深い考察を彼らにもたらすことになった。

司馬遷の『史記』などによれば、紀元前五〇〇年～前四〇〇年頃、春秋戦国時代といわれる動乱の時代に、孔子や老子の思索活動が記録されている。また諸子百家といわれるように多彩な思想家がいろいろな主張を述べ合っていた。

これらの思想は、今日なお学ぶべき対象とされているほどに深いものだった。たとえば老子の思想は「無為自然主義」といわれるが、今日的に見るとことさらな人為を避け成長の限界を説いた学説のようでもある。老子には一切の固有名詞が出てこないが、この時代に抽象名詞だけでこれだけの長文を構成しているのには驚きを禁じ得ない。

ヨーロッパ文明のルーツの一つであるギリシャ文明でも、科学や人間哲学に関する深い思想が生まれたが、わが国では、このような思想と言えるものはほとんど生まれなかったといっても言いすぎではあるまい。古い時代から『竹取物語』があり、長編小説の『源氏物語』が平安時代に生まれ、これらは文学的金字塔ではあるのだが、思想書ではない。

やはり、われわれは「考える」というよりは「感じて」来たというのが正解なのだ。

官僚制と封建制

歴史学者の今谷(いまたに)明氏は、〈（前略）インドや中国、ペルシャといったところは官僚制で、封建制を経験していません。このような「封建制を経験している地域とそうでない地域がある」という考えは、歴史学者のウィットフォーゲルも提唱しています〉（『現在知 Vol.2　日本とは何か』ＮＨＫ出版所収「封建制こそ近代を準備した」）と述べている。

そして彼は概略を次のような趣旨で説明している。

中国のような官僚制の社会では、主従関係は皇帝と官僚との間にだけ結ばれるものである。だから、一君万民で君主を頂点としたピラミッド型の権力関係がうまれる。

一方、封建制では、土地をめぐって主従関係が結ばれる。だから横に広がっていきやすく、むしろやくざの組織に近いといえる。

官僚制が集権的だとすると、封建制は分権的だということになる。大名や将軍、領主、農民はそれぞれが土地を媒介にして主従関係を構成している。したがって、鎌倉時代に「一所懸命」という言葉がうまれたのも、そういった事情を背景としている。

ところが官僚制の場合は、特定の土地を領有し、そこを管理する形態は生まれない。その土地を守らなければならないという当事者意識と、それから上に対する忠誠心が封建制では生まれるが、官僚制というのは土地への当事者性も上に対する忠誠心も希薄であるから、一旦崩れてくるととめどがない。官僚制には封建制のような土地を支えにしてがんばるという拠り所がない。今谷明氏はこういうのである。

ここで封建制について触れておきたい。

駐日アメリカ大使を経験した歴史学者、ライシャワー（エドウィン・O・ライシャワー）氏は封建制の経験がどうして近代化に資するのかを考え、次のように述べている（『日本近代の新しい見方』講談社現代新書）。
〈（前略）専制制度に比べると、封建制度のもとでは、法律的な権利と義務が重視されていましたから、近代の法的概念に適用するような社会の発達がいくらか助長されたのではないかと思われます。さらに加えて、当時の封建領主は、土地の所有と地租の徴取に専念していましたから、商人と製造業者は専制的な政権のもとにおけるよりも、大幅の活動範囲と保障を得ることができたらしい（後略）。（中略）
また、当時の封建領主以外の階級は、政治権力からはっきり除外されていたので、身分の栄達を図ろうとする、いわゆる身分志向的な倫理観よりも、むしろ、いわゆる目標志向的な倫理観の発達が助長された、と思われるのです〉
ドイツの民衆文化などについての著作がある下田淳氏は、なぜヨーロッパと日本だけが封建制度を発達させ、それを長期に持続させせられたかについて〈根本理由はわからないといえば怒られるだろう。「自生的・生態学的棲み分け」であったとしか答えられない〉と述べている（『現在知 Vol.2　日本とは何か』所収「なぜ日本は今いちおう『先進国』なのか」）。
私は、「棲み分け」がなぜ起ったり、起り得なかったりしたのかについては、中国やイスラムにおいては、国土の地理的・地形的条件や周辺の外敵条件から、強力な権力のみが全土を支配することができたのであって、ヨーロッパや日本は中国やイスラムほどの強権力を必要としなかったから、封建制という「ゆるい支配構造」が生まれたのだと考えている。

第六章

なぜ日本人には長期戦略がないと言われるか

「思考」を形造った大量虐殺

ヨーロッパや中国の人々が経験してきたことと、われわれ日本人が経験してきたことの差が、彼らとわれわれの間のものの感じ方やものの考え方を隔てている。その中で、今度は経験がものの考え方にどういう影響を与えているのかをみていきたい。

まず、「合理主義と情緒主義」という違いがある。彼らが合理的で理性的な思考に重きを置いているのに対して、わが国ではものの考え方の中に、情緒が混じる傾向がある。というより、われわれは理性で判断しているというよりは、情緒で判断しているといってもいい。

人は愛する者の死に直面するときに最もものを考えると思われるが、それは彼らの場合には紛争で大量に殺されて死んでいくときなのである。

たとえば、愛する者の死に直面せざるを得なかった紛争の敗北は、なぜ起ったのかを考えると、その反省材料は無限にあるといってもいい。

例をいくつか挙げる。

・作戦の立て方がまずかった
・相手より少ない兵力で戦ってしまった

・期待していた応援が来るのが遅れてしまった
・兵の鍛錬度（訓練度）が劣っており、もっと十分な訓練をすべきだった
・彼らは新たな武器を開発していたのにわれわれは旧式の武器で戦ってしまった
・相手の兵は高い士気に燃えていたのにわが兵は士気が萎えていた
・攻め込みすぎた結果、一部の軍が囲まれてしまった
・不利な地形を背景に戦ってしまった

このように負けた理由は数多くあるが、それらは、合理的な思考によって、新たに作戦の立て方を工夫し、その後の戦いに備えることが可能なものばかりである。

これ以外にも、情報戦略という意味でいうと、集めた情報に不足があった、情報の信頼性について疑いをもたなかった、相手の陽動作戦にかかる情報に振り回されていたといったことなども考えられる。これらも、すべて合理的な思考によって、事後への対策を考えることができるものである。

こうして彼らは、これらのことを紛争の度に反省しながら、思考の論理性を磨いていくとともに、考えに漏れがないかどうかを、やや高みに立って眺めるという、思考の俯瞰性や網羅性といったものを身につけていったのである。戦いは長年月にわたっ

て繰り返し起こっていたから、短期的な準備だけではなくて長期的に考える思考特性を獲得していった。

当然、その際には、徹底して情緒を排除し、論理性や合理性の貫徹が情によってゆがむことのないようになされなければ、正しい結論に至らないことを理解していったのである。

そんなに訓練したのでは兵がかわいそうではないかといった情緒が混じれば、作戦は論理性や合理性を欠いて、大量死を招くことになる。だから、どこまでなら兵は訓練に耐えられるのかを合理的に、医学的に研究するという方向に思考は進むのである。

さらに戦う集団には、厳格な合意が必要となる。軍を縛って結束させ、戦う集団にするためには、彼らが戦う目的や方法について、正しく理解していることが必要である。そのためには厳格で曖昧さのない言葉とその用い方が重要となる。

同時に、その合意を履行できる一人一人が独立した強い個人であるということも必要である。この経験の積み重ねによって彼らは、一人一人になっても戦える強い個人というものを獲得していったのである。

厳格な合意を実行するための結束や団結も不可欠である。そこでは権力の絶対性が欠かせず、またその絶対の権力を支えるための神からの認証が必要となる。

　中世ヨーロッパの領主は、王権神授説を依りどころとした。王の権限は、神から授けられたものであるといった考え方であるが、神が保証しているのだから、絶対的な権力なのだという考えが、民を支配するための論理として用いられたのである。

　日本にだって戦いはあり、それによって多くの死がもたらされたから、ここに示したような思考回路が、まったく育たなかったわけでもない。しかし、彼らの経験した死は「生きとし生けるもの」の皆殺しであり、凄惨な大量虐殺であったから、これを回避するための思考努力も、日本人のレベルをはるかに超えていたのである。

戦うための「言葉の発達」

　合意を実行するための強い結束と団結を行わせるには、それを実際に、戦いに参加する将校や兵たちに伝えるだけの伝達手段がなければならない。明確な作戦の意思が、それぞれの部隊に伝わらなければならないわけであり、それが「明確な意思伝達のための言語」というものを生んでいったと考える。

　彼らの言葉は、語り言葉にしても書き言葉にしても、少しでも厳格で論理的な表現ができるように磨かれてきた。話し言葉の語調の強さも、話す際に彼らが用いる豊富な表情（身振り・手振り）も、語り手の考え方が、間違いなく相手に伝わるようにするための不可欠な補助手段として発達してきた。

わが国にも多くの言語学者がいるが、日本語とヨーロッパの言語、中国語等々を比較して、語調の強さであるとか、言語による論理的な表現の容易さについて、一般の人が簡単にアクセスできるような新書などの著作はごく少数だ。

また、語調の強弱について、日本語とドイツ語との間には音圧レベル（デシベル）で評価してどのような差があるのか、イントネーションにおいて日本語とドイツ語の間に、ヘルツレベルでどの程度の幅の違いがあるのかといった計量的な研究に出会ったことがない。専門の中では行われているのかも知れないが、われわれ一般人には知らされていないと感じる。

しかし、「日本語の際だったおとなしさ」を他言語に比較して理解することは、言語の磨き方についての彼我の差を知ることにもつながり、ひいてはわれわれのものの考え方や日本文化への理解を深めるものなのだ。

明確な意思を伝達するために発達してきた彼らの言葉の語調の強さ、強調のしやすさ、重点の置きやすさといったものは、私たちの言葉と大きな違いになっている。

情緒と感情の民

われわれは日常数多くの一人称や二人称を相手や状況に応じて使いわけている。私はいつも「私」なのではなく、話す相手によっては、「僕」になったり、「おいら」だったり「わて」となったりする。

ところが英語やフランス語・ドイツ語などでは、一人称がたった一つしかないとまでは言わないものの、日常の会話や文章で用いられる一人称は「たった一つしかない」といってもいい。英語では「you」の他に「thou」という二人称があるものの、普段の生活ではまず使われることがないという。

日常生活において、ほとんど一つの一人称しか使わないということは、彼らのゆるぎのない個人の独立性の象徴である。彼らはいかなる場合でも「私」は「私」なのである。ところが、日本では状況や相手によって「私」が「俺」にも「うち」にも「おいら」にもなるというのは、そのように変化させることで相手との関係を大切にしてきたことの証明なのである。

この人称表現の豊かさは、君がいるという二人の関係の中においてのみ、自分があると考えているということの証明だ。「われが思うからわれは居る」のではない。「あなたが居るからわたしは居る」のであり、わたしはあなたとの関係の中にのみ存在していると考えるのが日本人なのだ。われわれは「共」の民であり、ともにあることを喜ぶ民だと先に述べたが、このことが人称使いにもあらわれているのである。

この人称の多様性は、われわれ日本人が理性や論理の民ではなく、情緒と感情の民であることの証明でもある。

私があなたとの関係の中にしか存在し得ないのであれば、私が「あなたの気持ちがわかる」ことは必須の条件だし、あなたが「私の気持ちをわかってくれたかしら」と常に心配しなければならないのも当然の帰結となる。「相手の気持ちを汲み取る」ことが大切だなどという世界でもまったく希有な教育が存在し得るのも、このためなのである。

このことは日本人が相手の気持ちを理解しようとし、尊重しようとする優しさをもっていることを表している。われわれは、とにかく世界でも特別級に優しいのである。

平安貴族の男性が、なぜ和歌が詠めることが、女性から認められる絶対の条件だったのか長い間わからなかった。

しかし、人間関係成立に特化して日本語というものは磨かれてきたことがわかると、「和歌によって微妙にゆれる相手を思う気持ちを上手に表現する能力がなければ」人間関係（特に男女関係）はまず成立しないのは当然だったことがわかるのだ。

福田恆存（つねあり）氏は『日本を思ふ』（文春文庫）で、面白いエピソードを紹介している。

〈イギリスのある女流ジャーナリストの書いた本のなかに、かういふことが書いてあります――対人関係にまつはる心理の綾について、日本人くらゐ鋭い洞察力をもつてゐる国民はない――そんな意味のことが書かれてありました〉

このように情緒の民である日本人は、論理や合理を貫徹するための言語を育ててこなかったのだ。論理の言葉を育てなかったということは、「論理思考」を育てなかったということでもあるから、これが大きな問題を生んでいるのである。

日本人の弱みになっている「言葉」

われわれ日本人の使う言葉のいい加減さが、この国をおかしくしているのではと心配でならない。若者がメールやツイッター程度の分量の文しか書けず、自分の思考をまとめるのに必要な長文が書けないのは問題だ。が、もっと問題なのは、メディアに登場するような「一応論説として書いているもの」も、定義がない言葉を使うため何の意味もなかったり、論拠をまるで示さずただ主張があるだけなど、大人が文章をまともに書けていないことなのだ。

このような例は、メディアの中にあふれるほど存在するが、典型的な一例を示してみよう。

毎日新聞の山田孝男氏は、『週刊エコノミスト』（二〇一四年六月二四日号）で、集団的自衛権議論について次のように述べている。

〈国家安全保障は、その国の経済活動と密接に結びついている。世界第3位の経済大国は日常の経済活動自体が国際社会と地球資源に対して攻撃的、圧迫的である。

そういう日本の在り方を根本から変える。経済社会を地産地消の循環型に変える。世界に先がけて原発から離れ、化石燃料への過剰依存も修正する。遠国の資源や土地に依存しないシステムを築く。

そうでなければ人類１００億人は共存できぬという21世紀の世界政策を示す。集団

的自衛権は、経済成長の質を問い直す国造り、世界構想に関連づけて論じられるべきであると私は思う〉

いかがであろうか。日本の存在が経済的に大きいという理由だけで「国際社会に対して攻撃的だ」というのはどのような意味なのかわからない。

国のあり方など根本的には変わらないものだし、変えてはならないものだ。これは「リセット主義」とともにあってはならない「日本国否定論」でしかない。しかし彼は、原発から離れたうえに、さらに化石燃料依存をも修正するという。何をすればそんなことが可能なのか。

「二一世紀の世界政策」とはどのような内容なのか。実現のための具体的な方法の提示もないし、それで日本は存続していけるのか、生活レベルは維持できるのかといった可能性の検証も欠いた絵空事しか述べていない。

しかし、こうした文章が氾濫しているのが現実なのである。

イギリスの首相だったチャーチルは、『第二次大戦回顧録　抄』（中公文庫）で、日本語についてこう述べている。

〈日本軍の計画は、非常に厳格だったが、計画が予定どおりに進行しないと、目的を捨ててしまうことが多かった。これは、一つには、日本語というものがやっかいで、不正確なためだと考えられる。日本語は、すぐに信号通信に変えることがむずかしいのである〉

チャーチルが指摘するように、そもそも日本語は論理的な文章を作るようにできていない。

だからこそ、世界と渡り合うグローバルな時代だというのであれば、現代のわれわれはより正確に情報伝達できる言葉づかいや、論理構成の正しい文章表現を心がけなければならないのに、まるで正反対の方向に走っている。

経済産業研究所の藤井敏彦氏は『中央公論』(二〇一三年三月号)で、次のように述べている。

〈日本の組織、社会の最大の弱みをひとつだけ挙げろと言われれば、私は「言葉」だと思う。(中略)考え抜いた言葉のやりとりは新しい価値の創造につながる。(中略)日本の企業の同質性が弱みに転じているが、それはひとつには、同質な組織体では「言葉の力」が理解できなくなるからではないかと私は考えている。ひとりひとりの価値観がちがうことが意識されるとき、言葉の真の力強さが理解できる。(中略)

思うにグローバル人材とは、価値観が異なる人たちと対話し協力しながらひとつの方向にまとめ、新しい価値を創造することのできる人ではないだろうか。（中略）言葉の大切さへの理解は絶対的な条件である〉（『「高度な技術力」という危険な落とし穴』）

彼が言うように、われわれは同質な組織体の中で暮らしてきた。われわれの原点である小集落が、そもそもそうであった。また、機能集団がいつの間にか同質の共同体に変身するのは、旧陸海軍の将校・参謀グループがそうなったようにわれわれの本質のようだ。企業においても、一部では多様化へのバネが働かず同質化方向への傾斜が見られる。

氏の指摘の通り、多様性の欠如こそが「日本病」の本質中の本質だ。しかも、多様性の容認は民主主義の根幹をなしているのだから、やっかいな話なのだ。違う意見の存在が、民主主義を政治のメカニズムにすることを可能としているのである。

ところが、わが国では、言論はコンセンサスに至るためだけに存在するかのようであり、全体が単一色に染まらなければ正解に達したとは思えないところがある。山本七平氏がユダヤでは全会一致の決議は無効となると述べていた記憶があるが、われわれには想像もつかない世界である。全会一致こそが正しいとするわれわれとは、まったく正反対の世界が世界にはあるのだ。

このような同質的な組織体の中では、「みなまで言うな。おまえの言いたいことはよくわかる」という上司や仲間がいい上司やいい仲間であり得たのである。しかし、このような言語不要の世界では、厳密で隙間のない情報の伝達や共有などが図れるはずもない。

寒々とした言論空間

「言葉の力」の重要性を理解しないままでは、思想構築もものごとの理解もさっぱり進まない。深い思索は母語でしか行えない。言葉がどんどん弱くなっていることは、この国の毀損が深く進行している最大の原因でもあり、結果でもあると考える。

東京大学名誉教授の石井紫郎(しろう)氏は、「定義なき概念の濫用」を次のように戒めている。

〈文科系の人は言葉の定義をしないとよく言われますが、概念をあらかじめしっかり押さえ、具体的にその概念の内部に何が含まれ、また、その概念の外側にあるものや別の概念との関係においてはどういう位置を占めるのか、といったことを固めて議論することが、日本人はあまり得意ではありません〉(「武士道」に見る日本人の思考パターン――定義なき概念の濫用、社会技術研究開発センター編『科学技術と知の精神文化Ⅲ――創造性と環境』丸善プラネット)

氏のこの指摘はきわめて重要なのだが、この指摘の本質は「事実を固めて議論せよ」「内容が可能なものかを踏まえて主張せよ」ということだと考える。

われわれは、世界の中でもまったく希有な不思議な言語環境の中に「漂流している」だけの存在のようだ。大勢の人が書いたり、語ったりしているが、「それは具体的事実を踏まえているのか」とか「それは現実的に可能なのか」といったことに多くが無関心で、「それを示さなければいくら書いても、いくら語っても何の意味もない」ことに気付きもしない。

この寒々とした言論空間の中で「言葉が意味なく漂っている」状況は、われわれが「思考においてもただ漂流しているだけの存在」になっていることを示している。

先の戦争の反省について、日本人の研究者がチャーチルの指摘する「日本語の情報伝達能力」について、他言語との比較において検証したり、研究成果をまとめるといったことがあっただろうか。

私たちは、日本語を論理や命令の伝達に使うための言葉としてではなく、感情や想いの伝達のために磨いてきたのである。

主客が曖昧(あいまい)な表現もこの国には満ち溢れている。命令や意思を伝達するためには、そのような表現を私たちはきわめて忌避するという傾向をもっている。主語を用いずに「私がこう考える、私がこう思う」といった表現がなければ相手に伝わらないが、主語なしで文章、つまり考えを組み立てているということに、私たちはもっと注意を向けなければならない。グローバルな時代が来たなどというのなら、われわれがこのような言葉しか使えないことを、不安と心配をもって語るべきなのだ。

われわれは、厳格な印象を与えるような表現の言い回しも、極端に嫌いである。たとえば、社員の首切りはほとんど「リストラ」と表現されているが、これは「リストラクチャリング」の略で、本来「再建」「事業内容の再編成」を意味するもので、首切りだけを意味するものではない。

また、主として中年男性と少女の売買春を援助交際というのもいい加減な話だ。本質を隠した表現を用いているうちに、本質が何だかわからなくなるに違いない。

「構造改革なくして成長なし」といったスローガンの中の、「構造改革」の中身は何かについて明確にすることなく、ただスローガンとして「構造改革」を連呼するといったようなことがあったというのも同類のことだと考えている。

メディアが多用する「国土強靭化は公共事業のバラマキだ」といった表現もまったく同じだ。バラマキの定義は何で、なぜ他の予算支出項目に比してこれをバラマキと呼べるのかをまったく示そうともしないまま、思考停止に導こうとしているだけなのだ。

言葉で生きているはずのメディアが、言葉を殺しているのである。

西部邁（すすむ）氏は『知性の構造』（ハルキ文庫）の中で次のように述べている。

〈広場にせよ酒場にせよ、職場にせよ家庭にせよ、日本人の群れ集う（つど）ところに静寂があるというのではない。むしろ逆で、日本人の集団は、いつでもどこでも、騒がしいのだ。しかしそこに言葉は飛び交ってはいない。（中略）

いや正確には、言葉もたくさん吐かれてはいるのだが、耳を傾けてじっと聞いていると、それらはおおよそ感情吐露（とろ）の道具としての言葉にすぎないのだとわかる。言説の始点をなす前提は何なのか、言説の中途にどんな推論が組み立てられているのか、

言説の終点でいかなる結論が導かれたのか、すべてが感情の霧に包まれて曖昧模糊としている〉

それぞれの思いや感情の吐露はあっても、筋道の立った論理が言葉にのることはない。これも福田恆存氏の表現を借りれば、われわれ日本人は「表現が下手なのではなく、表現の必要がなかったのです」という「表現方法」しか獲得して来なかったのである。

哲学者の中島義道氏は「なぜかこの国では、〈対話〉のみがスッポリ抜け落ちている」（『〈対話〉のない社会』ＰＨＰ新書）と述べているが、お互いが自分の知る真実を用いて論理を組みたて、言葉のみを用いてともに一つの高みに至るという作業が、この国には皆無なのである。『朝まで生テレビ！』（テレビ朝日）の後にくる時間の浪費感は、長時間お互いがただわめいていただけで、対話といえるものが皆無であったことから来ている。

「互いに譲り合うことが正しい」国

われわれは主張を最後まで貫徹するために、交渉のテーブルを蹴って退席してくるといったことがなかなかできにくい民である。われわれはその場が円満であることを何より大切にしてきたし、互譲（互いに譲り合うこと）が正しいということが私たちの考え方の基本になっている。現に交通ルールの社会でもゆずりあいこそが正しいといわれている。

「やさしさが　走るこの街　この道路」という交通標語が長く使われている。「この標語を見たからといってやさしい安全な運転をするか」といった批判があるが、語調のいいこの標語は「なんとなく」が好きなこの国に広く流布している。

この考え方で、私たちは企業も政府も国際交渉の場で大きな損失を被ってきている。われわれは、「前回われわれが譲ったのだから、今回はあなたが譲る番だ」といった考え方をもっている。

しかし、ヨーロッパも中国も「前回譲れたのなら、なぜ今回は譲れないのか」というのが彼らの基本的な考え方なのである。何かを譲ることが次回にまた譲らなければならないことにつながるというようにわれわれは考えないのに対して、世界の人々はその逆なのだということはよく理解しておかなければならない。

また、謙譲や謙遜は美徳であると語られているが、それは「横並び主義」や「出る杭は打たれる」の類の悪平等主義にすぎないとの指摘もある。譲り合うことが常に正しいとは限らないとの認識は、われわれには獲得できていない世界の常識である。

村山富市元首相は日韓関係について、「率直に話をすれば打開できる」と述べたが、残念ながらそうはならないのであって、「譲れない原則」は、いくら率直に、真摯に話し合っても解に至ることがないという方が、世界の常識なのである。

長期的視野と暫定的視野

ヨーロッパや中国の人たちのものの考え方が長期的で恒久的なのに対して、私たちのものの考え方は暫定的で臨機的である。これは彼らが紛争死史観をもち、私たちが自然災害死史観をもっていると考えるとわかり易い。

われわれは、人との紛争で死んで行くのとは違い、自然災害によって多数死んでいった。科学技術が発達している今日でも、どこで地震が起こるか、どこで洪水が起こるかを予測することはほとんど不可能である。したがって、どこかの堤防が切れたり、どこかで地震が起こってからでしか、対策を立てることができないのである。あらかじめきちんとした対策を、人の死を防止できるレベルで実施することはほとんど不可能である。これが、起こってからしか考えようとしないというわれわれのものの考え方、つまり臨機性という思考形態をもたらしたのである。

また、自然は同じ災害をわれわれにもたらすわけではない。したがって、恒久的な対策が立てにくい。最近起こった地震でみても、阪神淡路大震災が起こったメカニズムと、東日本大震災が起こったメカニズムとはまったく異なっている。それぞれの地震がわれわれに与えた影響にも、きわめて大きな違いがある。その経験が、ある事態が起こってから、その事態を処理することを考えればいいというわれわれの思考の臨機性や暫定性といったものを生んだのである。このことが、われわれに大変悪い影響を与えている。

そして、一通りの対応が済んでしまえば、その物事の大本に戻って考えることをほとんどしないという思考性癖を生んでしまう。これが「その場主義」とでも言うべき「暫定主義・臨機主義」である。

日本国の歴史上の最大の失敗は、開戦当時ＧＤＰが五倍以上もあり、自動車生産能力が百倍という圧倒的に大きい国（アメリカ）に対して、宣戦布告をしてしまったことである。経済すべてを巻き込んだ総力戦が、近代戦の形態であることは第一次世界大戦でわかっていたはずなのである。実に奇妙なことなのだが、これに対して戦後、政府が総力をあげて総括するということが一度も行われていない。

なぜわれわれはアメリカと戦端を開くことになってしまったのか。アメリカが陰謀をめぐらせて日本を追い込んでいったにせよ、戦端を開けば必ず負けてしまうことが確実で、現にその予測も行われていた相手になぜ戦いを挑むことになったのか。これは絶対に避けなければならない政策判断だったはずである。

これについて、歴史を振り返っていつどこでどのように政策判断を間違ったからこのようになったのだという大局的な政策レベルでの検証が、政府によってほとんど行われていないというのは、不思議なことである。行われてきたのは多くがそれぞれの分野の研究者らによる個々の戦闘での戦術レベルの反省なのだ。日本人が犯してしまった歴史上最大の失敗に対する国をあげた本格的な総括がないということは、われわれの思考方法の欠陥についての深い考察を行っていないということであり、大変残念なことであるといわざるを得ない。

なぜ「非常時モード」が欠如するのか

東日本大震災の経験は、われわれ日本人に実に多くの教訓を与えてくれた。大災害頻発国に住んでいることがわかっていながら、「未曾有」とか「想定外」という言葉を乱発しなければならなかったほどの「危機想定」の甘さがその第一である。福島第一原子力発電所などに「全電源喪失」という非常時設定がなく、これが原子力発電所の崩壊をもたらしたことも、極めつきの「危機想定」欠落であった。

平常時には必要ないが、「非常時」になったときに初めて発動する「非常時モード」がこの国の仕組みや組織の各所で欠落していたことも「危機想定」の不十分さの表れである。

民有地のガレキの処理や緊急使用にあたってさえ、地権者や所有者の事前の同意が必要であったことなどその典型で、救急・救難・復旧などのために公的な利用を優先し、同意や了解は事後に行い、生じた紛争もその時に解決処理できる仕組みが、法制度として整備されておらず、社会の中に組み込まれていなかったことが明らかになったのである。

緊急に民有地に道路を造ってでも、命を救わなければならないという事態が生じ得る大災害国に、その法的仕組みが用意されていないのである。

この地震は、参議院での決算委員会が「全閣僚の出席を求めて第一委員会室」で行われているときに発生した。大勢の人が大きく揺れるシャンデリアを不安げに見ていた映像が印象的だったが、もし万が一、天井が崩落して第一委員会室にいたメンバー全員と連絡がつかなくなってしまったら、この国の指揮は誰が執ることになったのだろう。

小渕恵三元総理が在任中に倒れ、その後、死去したことへの反省から、総理に万一のことがあれば総理に代位できる閣僚を五名まであらかじめ指名しておくことが組閣時の慣例となっているが、東日本大震災時にはその五名全員が第一委員会室にいたのである。

アメリカでは大統領の代位資格者は一八番目まで指名されているといわれ、これらの全員が「同時に同所に居てはならない」という規定まであるという。アメリカは核戦争を想定しているのだろうが、こちらは壊滅級の大地震を想定しておかなければならないのだ。

「危機想定や非常時モードの設定」がどうもわれわれは苦手のようなのだが、それはどこから来ているのだろうか。今後はみんなで注意していけばいいのだといったレベルの問題なのではないのではないか。われわれ日本人の存在の本質にかかる部分なのではないか。

これは、われわれ日本人の生命・財産に関する危機の多くが、自然災害によるものであったことが大きい。

現在ですら、いつどこで地震が起こったり、土砂崩れが生じたり、河川堤防が破堤してしまったりするかを予測することができないのであるから、あらかじめ具体的な「非常時想定」などしてこなかったし、やろうとしてもできるはずなどなかったのだ。

人と人との紛争の場合はそうではない。戦争が始まる場合には、必ず中長期にわたる予兆があるものだ。

西欧では、「非常時モードの常備」は生活の作法のようなものなのである。この意識が西欧の首都など最大都市圏の肥大化を抑止しているものと考えられる。一カ所に集まりすぎては、全体が脆弱となるのだ。またドイツなどが道路ネットワークをリダンダンシーが豊かになるように配置しているのも、こうした感覚が基礎にあるからである。

第七章

なぜ日本人はグローバル化の中で彷徨っているか

無理をした「個」の強要

東芝の社長をされた岡村正氏は、二〇一四年三月四日付の日本経済新聞「私の履歴書」の中で、自身の子供の頃の経験を語っている。

彼の父親は職業軍人であったため、戦後働き口がなかなか見つからずに苦労したようであるが、それでも生活に少し余裕ができると、人を集めて塾のような勉強会を開いていたと紹介している。孫子に留まらず、古今の人物の研究に広く及ぶ勉強会をしていたのである。亡くなる一九七四年まで、二〇年間も勉強会をしていたと紹介している。

岡村氏は〈父は「全体と個の調和」を説いていた。当時の学校教育は「個」ありきであり、私はその違いに違和感を覚えていた〉と書いている。われわれが戦後、「個」や「個人」というものを、学校教育の中でかなり強要されたということが、彼の「履歴書」から明らかになっている。

彼の父は「学校教育は戦前の全体主義への否定がすべてであり、個人の自由の尊重に偏り過ぎだ」と当時の風潮を批判していたとも述べている。

憲法改正論議が盛んになりつつある。憲法前文の問題、第九条の問題などから、改正の手続きを整備するべきだとか、ゆっくり検討するべきだといったことまで、様々な議論が巻き起こっている。

一部には指摘があるようだが、見過ごされがちな問題の多い条文は日本国憲法第一三条だと考える。「すべて国民は、個人として尊重される」という部分である。このような条文がある憲法は、調べた限り他国のものには見当たらない。

なぜこれが問題であるかというと、個人主義は日本人には合わないと考えるからである。縷々述べて来たように、日本人は個人として立っているというよりは、皆と共に立っているという「共」を発見した存在なのである。

日本国憲法第一三条は「個人は家族の一員として尊重される」とか「個人は地域共同体の構成員の一人として尊重される」とは書かれていない。

日本人は個性をむしろ押し隠して、集団として力を発揮してきたのである。第一三条の規定は、私たち日本人には合わないというレベルを超えて、日本人の否定というべき条文なのだ。

顔見知りの狭い小さな集団で暮らしてきたわれわれは、その中で個人を埋没させてでも、集団の中での調和というものを最優先させてきた。

したがって、一人一人が自らの自我を主張することは極力抑えようとする文化やものの考え方を育んできた。

一人一人のものの考え方や生き様が尊重されなければならないことは当然のことであるが、それを強く主張したり、押し通したりするということになると、わが国ではいろいろと問題が生ずる。そもそも人は、個性を強調しなくても顔や姿がそれぞれ異なっているように「個性的」な存在なのである。性格や能力も異なっている個体が集合することによって、相補い合って力を発揮する。全体として一つに溶け合うという日本人の習性は、個性の違いが前提となっている。それをことさらに「個性がなければ生きている意味がない」かのような、無理をした個性の強要が問題を発生させるのである。

われわれも、一人一人の生き様の追求が基本にあるのは違いないのだが、集団の中で、仲良くギスギスしない暮らし方の中でそれを追求してきたのである。農作業や冠婚葬祭、道普請、灌漑設備の整備などを共同で行うことに喜びと生きがいを見出してきたのは説明してきた通りである。

砂粒になった日本人は弱い

集団の中で果すべき役割をそれぞれに共有しているときに日本人は大変な力を発揮できるのに、目的の明確な集団から離脱してしまうと、信じがたいほどの情けない様相を呈することになる。衆議院議員の齋藤健氏が『転落の歴史に何を見るか――奉天会戦からノモンハン事件へ』（ちくま新書）という好著を書いているが、この中に具体事例がいくつか紹介されている。

日本の敗戦後、モスクワ近郊の俘虜収容所に一五〇〇人ほどの日本人が収容されたが、ここで日本人はソ連の政治教育に感化され、軍歌の代わりに「インターナショナル」を歌い、天皇に変わってスターリンを敬愛し、軍国主義に替えて共産主義を信奉することとなった。

一方、同所に収容されていたドイツ人は、赤化教育に染まることなく、ベートーベンの歓喜の歌などを歌っていたという。初めのうちは同盟国として日本人と意気投合していたドイツ人は、日本側からソ連のための生産競争が呼びかけられると、日本人を軽蔑してついには口もきかなくなったという。

涙が出るほど情けないわれわれ日本人の姿である。ある師団のある連隊の一員ではない状況になって帰属を失ったとき、自分というものの存在をまったく規定できなくなってしまったのである。

ソ連での俘虜の例は、「生きて虜囚の辱を受けず」という誤った戦陣訓があったこともあって、「捕虜になった自分」というものを想定することすらしていなかったために、捕虜になったときに、「何をしてよいのか、何をしてはならないのか」がまったくわからなくなっていたということもある。日本軍人として保つべき機密も、日本人であることの誇りも、すべて消えたのである。なるべきでない状態を想定していないから、自分自身が消えてなくなってしまったという残念で情けない象徴的な例となっている。

この例以外でも、捕虜になった日本人が説明しなくていいような軍秘を敵方に話し、部隊の展開ぶりなどを相手に説明したりしたのである。本来守るべきものが何で、失っているものは何なのかということすら、わからなくなったといったことが象徴的にあらわれている。これは戦陣訓の規定が間違っていたからというだけではなく、私たちの帰属から離れたときの弱さなのである。

にもかかわらず、現在の憲法に「個人として尊重される」とあるように、ばらばらであることをむしろ奨励するかのような状況が戦後の日本に生まれていた。先述の岡村正氏の経験談でも明らかなように、戦後教育は一貫して個性を大事にする個人を強調してきた。それは砂粒となっても一人一人が非常に強いアメリカ人やヨーロッパ人には可能な立ち姿かもしれないが、日本人には困難な姿だといわざるを得ない。

全体との調和を岡村氏の父親は説いたが、小さな集団であっても、集団全体の利益を優先的に考えてきたわれわれは、一人一人が独立的に責任を背負うとするのは、紹介してきたいくつかの例をみても、かなり無理な話なのだ。

現在でも、大手電器メーカーを退職した技術者が、金銭と引き換えに、重要な技術的ノウハウを中国や韓国の企業に伝達してしまう事例が続出している。

自分が長年勤務してきた企業の競争力が大きく損なわれる危険性が高いにもかかわらず、このようなことをしてしまうのも帰属意識を欠いた時のわれわれの弱さを示している。

共通の帰属を持たない集団

新聞の人生相談には「定年になった主人が一日中何もすることなく、酒びたりになっていて困っている」というようなものが時々掲載される。多くの人が定年後の時間をもてあましているのは、人口減少時代になんとももったいない話だ。これらの人々に「帰属を与え社会参加させる工夫」こそ、わが国の緊急課題なのである。

何しろわれわれの労働観は「勤勉は仏への帰依」であるのに対し、欧米では蛇の誘惑に負けた結果、「お前は顔に汗を流してパンを得る。土に返るときまで」(旧約聖書・創生記三)という違いがあるからである。われわれには「勤勉に働き続けること」が人生だが、彼らにとっては「労働からの解放」が人生の目標だ。

また次のような対比的な話もある。大戦中に日本軍が捕虜にしたイギリス人・アメリカ人が、マニラのサント・トマス大学に三千数百人も収容された。日本軍は逃亡には注意を払っていたが、内部の秩序づくりにはまったく無関心であった。なんと彼らは、まったく自発的に、警察、衛生、建設、給食、防火、厚生、風紀、教育といった分野の委員会などをつくり、責任者を決め、整然とした社会を構築したというのである。

おまけに、収容所内の司法組織として法廷まで作られ、陪審員が任命されたという。しかも、これに要した時間はわずかに二〜三週間だったというのである。なんということであろうかと、驚かざるを得ない。たまたま切り取られた任意の集団が、たちまちのうちに組織化された集団となったのだが、われわれ日本人にはこのようなことは不可能だ。この違いはどこから来ているのか。

このことをよく理解するために、ハイジャックされた飛行機での彼我の対応を見てみよう。

二〇〇一年の九・一一のテロ事件で、ユナイテッド航空の九三便がハイジャックされたのだが、ハイジャックされた四機の中で唯一この機だけがハイジャック犯の「目標施設に突入する」という目的を達せられなかった。テロリストはなぜ成功しなかったのかの内幕が『ユナイテッド93』（二〇〇六年）という映画となって広く紹介された。

それは結局は墜落してしまうこの機内で、たまたま居合わせた乗客乗員が協力してハイジャッカーと必死に戦ったからで、そのことが家族などとの通信記録によって明らかになったのである。まったく任意に構成された集団が、またたく間にハイジャッカーと戦う機能的な集団となったのである。

わが国では、一九九九年七月、千歳行き全日空六一便が、包丁を持った一人の男にハイジャックされた。犯人を簡単にコックピットに入れてしまい、操縦士が刺し殺されて急降下し、危うく八王子に墜落しかけるという事件であった。銃も持たないたった一人の男のために、何百人を巻き込むことになるか予測もつかない墜落大惨事と、五一七人の乗員乗客の確実な死が、実に簡単に実現しようとしていたのである。

これ以降は空港では、出口からは再度入れないようにするなどの対策が施されているが、本当に反省すべきなのはそのようなことではあるまい。共通の帰属をもたない任意の集団が、いざというとき組織的に機能できるようにする用意こそが必要なのではないかということなのだが、われわれにそれができるかとなると大いに困難だと言わざるを得ない。

個人として立てるのか

東京大学名誉教授の大井玄氏が『明日への選択』(平成二五年九月号)の〈「認知症三百万人時代」が問う日本人の人間観〉で次のように答えている。

〈つまり、アメリカで何より重んじられるのは個人の自立です。そこでは、自己とは他者から切り離された独立した存在であり、他者は、自己の目的を達成するための二次的な存在に過ぎない。そこにうかがえるのは、いわば「アトム的自己観」です。

（中略）

一方、日本人は昔から、何より人と人とのつながりを重んじて生きてきたわけで、そこには「つながりの自己観」とも呼べる人間観がうかがえます。こうした自己観は一体どこから生まれて来たかと言えば、一言でいえば、この狭い列島の中で先祖代々、稲作を行う共同体意識を保持し、循環型文明を展開させてきたことによるものでしょう〉

坂村健東京大学大学院教授は概ね次のように述べている（『21世紀日本の情報戦略』岩波書店）。

統計的には日本人はダメになった時の落ち込みが激しい。不安を抑える脳内物質（セロトニン）を受ける神経細胞のレセプターの量が遺伝で決まっており、日本人はレセプターが少ない遺伝子を引き継いでいるため、不安に弱いというのである。

それに対して、アメリカ人やヨーロッパ人は、不安を抑える脳内物質が強く働くという遺伝子をもっている。したがって、日本人は悲観的で不安に弱いが、アメリカ人やヨーロッパ人は、楽観的で不安に強い。しかしこれは逆の言い方をすると、日本人は慎重で責任感が強く、規律正しいということになるが、アメリカ人・ヨーロッパ人は無謀で無責任で自分勝手ということでもある。

つまり、不安に弱い日本人は一人では戦えないが、アメリカ人などは一人でも戦えることになる。したがって、アメリカやヨーロッパで起こっている、あるいは取り入れられたシステムをみて、日本も競争すればよいではないか、一人一人の成績を重視していく社会にしていけばよいのだ、といっても、わが国の場合は、うまくいかないと坂村氏はいうのだ。

これらの説明からも、われわれは他者から切り離された個人としては立てない存在なのだと規定するしかないと考えるのだ。

日本人に合わない企業統治制度

加護野忠男神戸大学教授（当時）は、『週刊エコノミスト』（二〇一〇年四月一三日号）で概略次のように説明した。

最近日本の企業に元気がないのは、不況時に時価会計を導入するという大きな誤りなどとともに、内部統制強化が追い打ちをかけたからだというのである。その具体例を教授の紹介に沿って示すと、次の通り。

①企業内部のリスク管理体制が強化され、株主代表訴訟を提起しやすくなった。その結果、必要な投資でもリスクを伴うものは回避されるようになってしまった。

②内部組織の変更も、リスク回避の傾向を強めた。取締役と執行役員を機能分化させることがはやりとなった。経営の決定と執行を分離するというスローガンのもと、意思決定の集権化が進められ、現場での種まきができなくなってしまった。

③日本企業に追い打ちをかけたのが、企業の内部統制強化を目的とした二〇〇七年の金融商品取引法の登場（証券取引法の改正）であった。アメリカでさえ過剰といわれた制度であるにもかかわらず、米国式内部統制がほとんど修正されることなく日本に導入された。

これは現場の、柔軟な改善によって可能であったリスクテーキングを奪った。

④間違った制度改革を支えた思想の一つは、経営者の説明責任という考え方である。経営者は経営判断の論拠を株主や一般投資家に説明すべきという考え方である。しかし、一般の人にわかるような論拠が得られるまで待っていたのでは、投資のタイミングを失ってしまう。

⑤取締役は毎年の株主総会で選ばれるべきものという形式論をもとに、取締役の任

期を一年にする企業が増え、同時に、四半期決算制度が導入され、短期の成績を気にせざるを得なくなった。

これらはすべて「不祥事に過剰反応してしまった結果である」と教授は言うのである。

こうして経営者はリスク回避に走り、従業員は個人ごとの成果主義におびえるという結果を招いてしまった。

中国人や韓国人は、「一対一なら日本人に負けないが、三対三以上の複数の戦いになれば勝てない」と言うのだという話を聞いたことがある。それは、われわれ日本人は一人一人ばらばらに戦うのではなく、仲間が一体となってそれぞれの長所を生かし、短所を補いあって「助け合う」からである。

しかし、そうなれば個人の責任の分界点が曖昧になり、「私の功績と責任」が見えにくくなる。日本人以外の人々は、それが嫌なのである。「私の努力が評価されないようなことなどやれない」というのが、日本以外の世界なのだ。

最近のほとんどの経済学者はアメリカに留学してアメリカ流の経済学を学んできている。留学した経済学者は、アメリカで経済学を学ぶのだが、同時にアメリカ人の価値観や人間観も身につけて帰って来る。

それを「一人では戦えない」日本人に強要してうまくいくと考えているから、経済学者は人間というものがわかっていないと言うのである。

労働の喜びを否定する業務委託

官庁はもちろんのこと、企業においても経費削減のため人員の大幅な縮小が行われている。自動車の運転業務をはじめ多くの作業的業務が外部化されているが、奇妙なルールのために笑えない事態が生じている。

自動車は自家所有のままとして、運転業務を外部化して人員を減らしたいと考える官庁や企業が多くある。しかし、車の運転のために派遣を依頼して何年か継続すると、その職務を内部化しなければならないという法規則がある。これは、身分が不安定になりがちな派遣労働者の常雇用化を促進するためなのだが、官庁や企業にとってはこれではそもそもの目的の定員削減が図れない。

そのため、官庁も企業も自家所有の車を整備点検も含めた「車両管理業務」として外部化するようになった。ところがそうなると運転手は業務を受けた企業の雇用者であって、車を使用する官庁などの使用者ではないという理由から、車を利用する人は運転手には行き先や経路などの指示ができないことになった。

行き先は雇用者である企業の彼の上司からでなければ告げることができないことになってしまったのである。この結果、役人がこの車で出かけているときに、国会議員などから「そこまで来ているならちょっと寄ってくれないか」などといわれたりして、利用する人の立ち回り先が増えたり変更があったりすると容易ならざる事態となる。

まず、管理業務の契約担当にコンタクトして、その担当から会社に連絡してもらい、会社が彼の上司を通じて運転手に行き先変更を命じなければならないというのである。

これはほとんど漫画とでもいうべきことだと考える。行く先の変更や立ち回り先の追加など日常茶飯のことだし、車利用の特徴は臨機応変の機動力のはずだ。運転手の会社の上司からの「(たとえば都内であれば)利用する人の行き先の指示に従うように」という包括的な命令を運転手が受けていると解釈すればすむことなのだ。

それもできずに官庁などの多くの車には「運転手に直接行き先を指示しないで下さい」との札が掛けられており、行動の機動力を欠いているのが現状なのである。

さらに、東日本大震災では次のようなことがあった。国土交通省東北地方整備局でも定員削減のため官用車の運転は車両管理業務として民間に業務を委託していた。ところが、今回の地震では自身の被害もあって委託の運転手が出勤してこず、緊急時の機動力を毀損した部署がいくつもあった。しかし、これは考えてみると当然のことで、一時的にそこに回されただけの職員でもない運転手が、組織本来の使命感を共有できていたはずがないのだ。

筆者の地方事務所長時代の経験では、台風が管内に迫って来たときなど、何の指示もしなくても、運転手の方から「今日は何時でも指示通り動きますから」と申し出てくれたものである。

運転手はこの事務所は何のためにこの地域に設置され、何をするために存在するのかということを理解していたのである。これが働く喜びというものなのだ。

業務委託の働かせ方は、経費削減と引き換えに労働の喜びを否定して勤労の意義を毀損するものだったのである。ひいては人間存在の尊厳を犯しているといっても過言ではない。

通常時のわずかな経費削減が非常時の機動力を欠けさせ、組織の本来的な役割である国民へのサービスの質を大きく低下させてしまった。安価な調達は品質毀損の懸念があるとの原則は、ここでも有効だったのだ。

すでに人口当たりの公務員数はフランスの半分という世界最小規模なのに、財政が厳しいという理由で官の大幅な縮小と官から民への業務移転を図り、それが効率的だと説明してきた。しかし、非常時には自衛隊や警察、消防が必要なように、他にも官でなければ発揮できない機能があるとの理解をもっと広範に深めておかなければならなかったのである。

瑞穂の国の資本主義

アメリカの経済学は、「人は砂粒のようにばらばらで独立している存在である」ことを前提に組み立てられたものである。それをわが国にそのまま持ち込んで、これが世界流だ、そうでないのは後れているのだというのは、そもそも根本部分で間違っているといわざるを得ない。

あくまで一般論だが、学者も受験に役立たない勉強を遠ざけてきた受験競争の勝利者であるうえに、最近は専門分野があまりにも細分化されたこともあって、広い教養や素養を磨いてきた経験をあまり持っていない人が多い。これは学者だけのことではなく、最近の官僚・大企業のエリートなどについても広く言えることなのだが、哲学や歴史、民族の経験の差から来る国民性などを熟知したり、これらの事柄に考察をめぐらせてきた経験が少ない。また、俯瞰的な視野から自身の専門分野を相対化して眺める能力も獲得してきてはいない。

アメリカ流が正しいとする経済学の無批判な持ち込みが間違っているのは、ダニ・ロドリック・プリンストン高等研究所教授による次の指摘でも明らかだ。

〈資本主義は唯一無二のモデルに従って形作られるものではないということだ。経済の繁栄と安定は、労働市場、金融、企業統治、社会福祉など様々な領域における様々な制度の組み合わせを通じて実現することが可能なものだ。国家は、これらの制度の組み合わせの中から自身の必要性や価値観に基づいて様々な選択をする〉（ダニ・ロドリック著、柴山桂太・大川良文訳『グローバリゼーション・パラドクス』白水社）

一九八〇年代からアメリカで主流の新自由主義経済学で、「競争すればよい」「市場に任せればいい」などという説が、日本で成立するかどうかの前提条件の検証もなく主張されてきたことが間違いというべきなのだ。少し考えてみても、カネや価値のやりとりという経済の世界が、その国の人々の世界観、人生観に左右されないはずがない。

原山擁平氏は次のような事例を著書『官僚がバカになったから日本は「没落」したのか』（双葉新書）の中で紹介している。

〈ある企業の経営者が次のように打ち明ける。

「90年代に終身雇用は崩壊しましたが、少なくとも弊社では、それに伴って社員のうつ病が増加しました。やはり、社員がリストラの恐怖に怯えながら仕事をするという環境では生産性が上がらないのです。そのため社員の身分保障を重視する人事を行ってみると、うつ病の発症も減少し、生産性は上がったんです」〉

「安定した顔見知りメンバーで構成された帰属チーム」に責任を持たせたときに、日本人は最大パワーが発揮できるのである。リストラにおびえていたということは、ぎりぎりとした個人責任の追及を恐れていたということだ。やはり、京セラ流の数人のチームである「アメーバ」を単位として責任を負わせるのが正解なのだ。

それは、トヨタの改善チームでありQCサークルの世界である。その国の文化に応じた経済の仕組みがあるというのが本当なのである。

地上での運動を見事に説明できるニュートンの「運動方程式」は、素粒子の運動を説明することはできない。すべての物理方程式は適用限界を持っているといっても過言でない。民族や世代によって価値観の異なる人間社会を規定する経済の方程式に、物理の世界以上に適用限界があるのは当然のことなのだ。

それは、「構造改革」などと叫んできた二〇年以上にわたり、世界の中で「日本だけが経済成長してこなかった」ことからも明らかなことだ。

現在、わが国の経済状況は、非常に厳しいものがある。一九九五年と比べ、世界経済は二倍にもなっているのに、日本経済はまったく大きくなっていない。そのため、世界のＧＤＰに占める日本の割合は最大一八％もあったにもかかわらず、現在は六％程度という状況になっている。

大転換点となった一九九五年

改めて検証してみると、一九九五年はわが国の大きな転換点だった。年間一〇〇〇人以上の自然災害死が生じたのは三六年ぶりという、阪神淡路大震災が一月に起こって六〇〇〇人以上の方が亡くなったし、三月にはオウム真理教による無差別殺人の地下鉄サリン事件もあった。

冒頭にも引いたが、これらに関心を持っていた作家の村上春樹氏は、〈（前略）95年、日本という国は転換点を迎えました。（中略）それまでの日本人は楽観的でした。裕福になり幸福になっていましたから。でも、その頃から、何か致命的なミスをしたのではないかと日本人は自問自答するようになったのです〉（『クーリエ・ジャポン』二〇一〇年一一月号）

と言うのである。

大地震とサリン事件以外に何があったのか。

①内閣府・世論調査

内閣府の世論調査によると、この年を境に「これからの暮らしがよくなる」と考える人が、「悪くなる」と考える人を下回り始め、その後現在に至るまで一貫して悪くなると考える人が増え続けているのである（図表21）。

若者が「暮らしがよくなることなどないのだ」と考える社会は、努力や向上心を放棄し、克己心を養って苦しみに耐えることを忌避するという恐ろしい社会となる。

現にわが国だけが、先進国の中で唯一エイズ患者が増え続けているという情けない

［図表21］現代日本に蔓延する将来への不安
「今後の生活の見通し」に関する調査結果

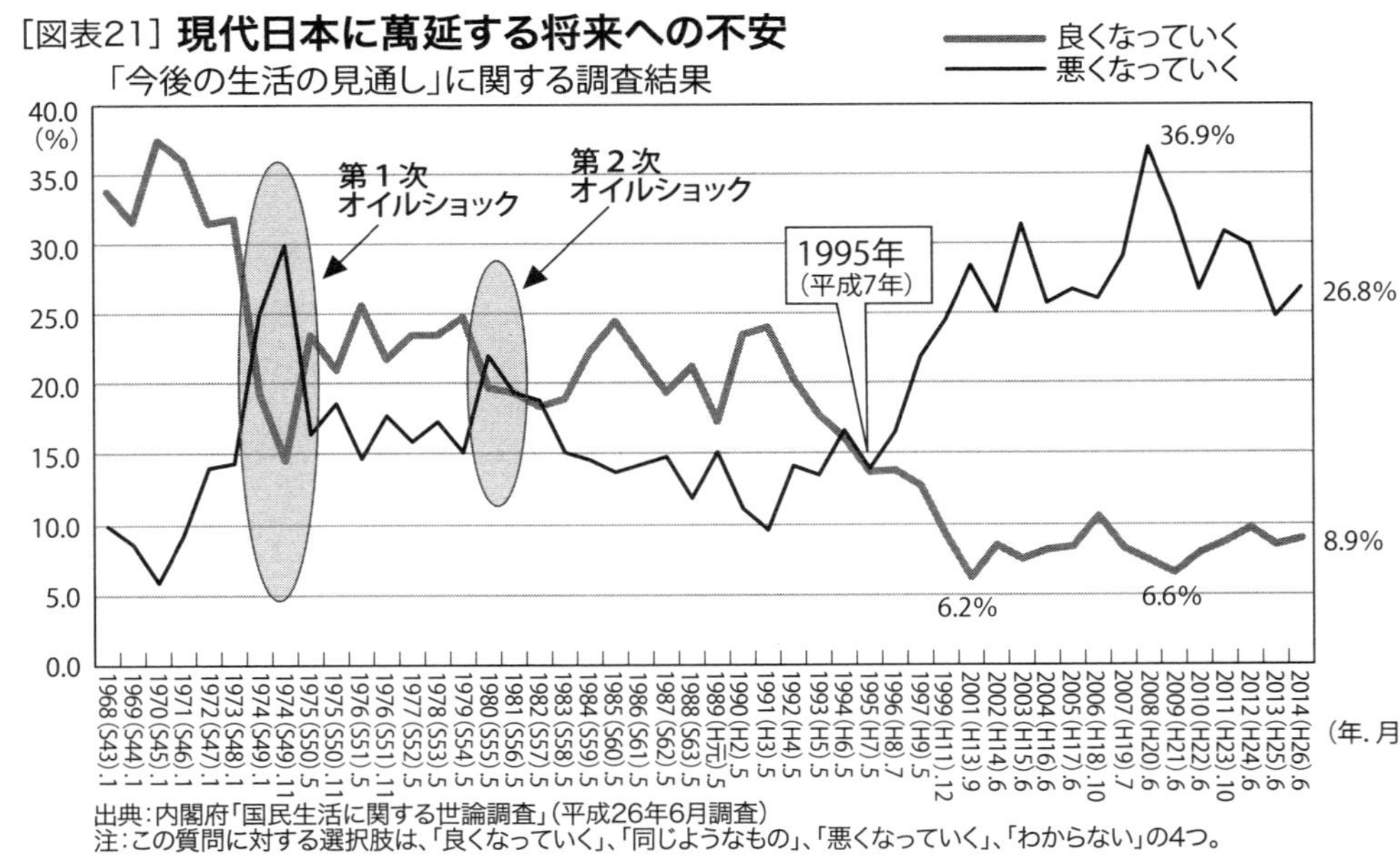

出典：内閣府「国民生活に関する世論調査」（平成26年6月調査）
注：この質問に対する選択肢は、「良くなっていく」、「同じようなもの」、「悪くなっていく」、「わからない」の4つ。

ことになっている。

二〇一二年の日本青少年研究所の高校生の意識調査によると、「自国の経済は持続的に発展する」と考えているのは、日本二九・一％なのに対して、アメリカ六〇・七％、中国八七・六％と圧倒的な差となっている。これを受けているのか、「私は努力すれば大抵のことはできる」と考える高校生は日本四四・四％、アメリカ八九・二％、中国八八・八％という違いである。子供達が努力を放棄する国に明るい未来など存在するわけがない。

②生産年齢ピーク年

この一九九五年はわが国の生産年齢人口（一五歳～六四歳）が、八七〇〇万人と歴史上最大値を記録したが、当時はほとんど話題にもならなかった。生産年齢人口はこの年をピークに下がり続け、二〇一二年には八一〇〇万人程度となっている。今、人口問題がにわかに重要視されているが、騒ぐべきはこの時だったのである。そして、実効性のある具体策が議論され、策定されなければならなかったのである。

③デフレ経済への突入

アメリカＦＲＢのグリーンスパン議長（当時）は、この年の六月、「日本経済は戦後初の本格的なデフレを経験している」と述べた。消費者物価の本格的下落は一九九八年からであったが、彼は兆しを感じていたに違いない。

それ以降、日本経済はデフレの淵に沈んだまま最近に至っている。デフレは物価の下落以上に勤労者の所得の低減を必然的に生じさせるから、以降二〇年でわれわれの平均所得は大きく減少した。

④財政危機宣言

この年の一一月には、当時の武村正義大蔵大臣が「財政危機宣言」を発し、「財政はいまや容易ならざる事態に立ち至った」と述べ、その後は、「とにかく歳出削減」にひたすら邁進し、それが結果として経済の成長を低下させてきた（当時の公債残高は二二五兆円だったが、二〇一四年には七八〇兆円に達している）。

この財政危機宣言が、その後の日本を劣化させていった諸悪の根源である。

⑤金融機関の経営破綻

この年の八月には、銀行として戦後はじめて兵庫銀行が経営破綻した。「銀行不倒神話」を信じていたわれわれには大きな驚きで、ここまで来たのかとの悲観論が広まった。

⑥大阪府・東京都知事選

この年の四月には、大阪府では横山ノック氏が、東京都では青島幸男氏が、それぞれ知事に当選した。選挙には人気投票的な要素が必ずあるが、首長選挙は、ある特定の人間に政策の決定権を付与するという権力者選びなのである。このとき有権者は何を権力者としての彼らに期待したのか不明だが、青島氏は都市博覧会を中止しただけで結局何の実績も残さないままであった。

⑦円急騰

四月には、円が七九円七五銭と急騰し、わが国が輸出大国と信じている人々を不安に陥れた。

ところで、現在でも多くの人が「わが国は輸出大国である」と信じ込んでいるが、実は、わが国は世界の中でも特別級の内需国なのである。

輸出額をGDPで割った比率を輸出依存率というが、二〇一二年には日本は一三・四％であるのに対し、韓国四八・五％、中国二四・九％、ドイツ四一・五％、フランス二一・四％となっており、日本より輸出依存度が低いのは、主要国ではアメリカ（九・九％）だけなのである。

この一九九五年の日本の輸出依存度はわずか九％にすぎなかったが、にわかな円高に人々は震え上がったのである。

⑧対日年次改革要望書

アメリカはこの頃、「日本の消費者の利益のために」と称して、膨大な対日要求を突き付けてきていたが、この年「民間の保険会社と官は競合してはならない」との要求をしてきた。このため、この年、保険法が改正されて競争が導入された。

この年以降五年間で、中堅保険会社九社が順次経営危機に陥り、そのすべてが外資によって買収されていった。

⑨「規制破壊」

この年、中条潮（ちゅうじょううしお）慶応大学教授による『規制破壊』（東洋経済新報社）が出版された。新自由主義の信念は、「自由市場には、価格を通じて資源を最も効率的に配分し、経済厚生を増大する原理がある」とするものである。

そのため、「小さな政府」「健全財政（緊縮財政）」「規制緩和」「自由化」「民営化」「労働市場の流動化」「グローバル化」といった施策を推進する。

この頃から、このような新自由主義のドグマに犯され始めたわが国は、規制緩和によってタクシーの大増車となり、結果的には実車（客を乗せていること）中の事故が増えるなど、大きな社会問題も生むこととなった。また、個人の成績主義や短期評価が日本人の力を削いでいった。

⑩短期雇用の導入提言

現在の経団連（日本経済団体連合会）の前身の一つである日本経営者団体連盟（日経連）が、この年「新時代の『日本的経営』」なる提言を行い、非正規雇用のはしりとなる「短期雇用」の制度要求を行った。経営の関心が短期の利益主義に走り始めたのである。

⑪地方分権推進法の成立

この年、村山内閣は地方分権推進法を成立させた。これ以降、国から地方への権限委譲こそが正義であるとの風潮が蔓延した。国と地方を意味もなく対立的に捉える傾向も生まれた。しかし、国と地方は協同し、連携して国民にサービスすべきものなのだ。この中味を伴わない容れ物論でしかない分権論は、わが国での議論を問題の本質に向かわせることなく、形式論に終始させてきた。

またこの年は、憲法改正が党是である政党と、改正反対を錦の御旗にしてきた政党との実に奇妙な連立政権である村山富市内閣の時代であった。

さらに日本人にはまったく相性の悪い衆議院の小選挙区制については、この前年に法律が整備され、この翌年にはこの制度による初めての総選挙が行われたという年でもあった。

小選挙区制は一対一で勝負を争うという日本人が好まない形式にならざるを得ない。

中選挙区だと次点に泣いても上位三〜四人の誰に負けたか特定しにくい。日本人は「あいつに負けた」は大嫌いで「あいつらに負けた」なら許容できるのだ。

また、小選挙区制は「風が吹く」ことで、必ず多くの「チルドレン」が必然的に生まれる。これらのことによって、政治そのものが不安定になる制度なのである。さらに、国会議員よりも県会議員の方が力を持つ地方が増えてしまった。

村上春樹氏はおそらく内閣府の調査結果など知ってはいないと思うが、作家の勘とは鋭いものだと感心するのである。

その後の二〇年は無残なものだった。世界で唯一まったく成長しない経済となって税収は伸びず、歳出削減が新たな歳出削減を必然的に要求して恐怖の輪廻に落ちていった。デフレの進行により、国民の給与は減少を続け、一九九五年には世帯平均六六〇〇万円程度だったものが二〇一七年には約五五〇〇万円にと落ち込んでいった。

一九九五年頃には「わが国のような経済大国はもう経済成長しない」と述べたりした経済評論家がいたが、世界最大の経済大国であるアメリカは、この間二倍もの経済規模に成長しているのである。

わが国の財政の厳しさの本質は、「世界のどこよりも早く進む高齢化の進展により社会保障費が急増しているにもかかわらず、経済が成長しないために税収が伸びないこと」なのであり、それにデフレ経済が加わって国民の所得が減少していったことである。

ジョージ・ソロスの批判

ジョージ・ソロス氏は、単なる投資家ではなく哲学者であり思想家の一人である。徳川家広訳の『ソロスの講義録』（講談社）は「資本主義の呪縛を超えて」と副題がつくが、本書は多くの示唆に富んでいる。

彼はまず科学法則について、「本質的に仮説であって、そこに掲げられる真実は常に反証されうるのみ」という。科学法則は、その法則に合致する実例がいくら多くあろうとも、たった一個の反証があっただけで棄却されてしまうのだから、いつまでたっても仮説状態を抜けることはできないというわけである。

彼が科学法則を紹介するのは、その比較対象としての社会法則の理解を助けるためで、たとえば、社会事象には人間の思考が原因としての役割を果たすのに、自然現象ではそうではなく人間は観察者でしかない。彼はこれを自然現象では人間の「認知機能」だけが作用すると説明して、社会現象の場合の、認識に基づき人間が現実に働きかけることによって、現象そのものに変化を与える「操作作用」を理解しやすくしようとしている。

そのうえで、社会事象の必然の特徴として「思考する参加者（人間）がいるような状況において、参加者の世界観は常に部分的でしかなく、しかも歪んでいる」（可謬性）、さらに「歪んだ状況認識は、その結果として発生する状況参加者の不適切な行動を通じて、状況に対して影響を及ぼしうる」（再帰性）と説明する。

この認識に基づいて、彼は「主流派」の経済学（先に示した新自由主義の経済学を指している）の「市場の参加者が完全な知識を有している」という前提に立った理論モデルを徹底批判するのである。

そして、〈経済学の世界に顕著なことなのですが、人間的事象には「再帰性」があるという現実を無視したまま、人間の行動における確実性を学問として追求してきたのが、いわゆる社会科学なのです〉といい、社会科学の理論は自然科学に類似しているかどうかなどばかげた規準を持ち込むのではなく、「どれだけ役に立つか」を見ればいいと主張する。

人間の現実理解の不完全性を前提に考えると市場は常に間違いを犯すものであり、間違いを犯して危機が起こるとそのたびに当局の介入によって資本主義のシステムがかろうじて守られてきたのに、それを「金融市場での自由放任こそいちばん正しい」と「支配的な誤解」をしてきたのだと指摘する。

短期間の成果主義の企業統治改革、ぎりぎりとした競争が不得意で好きではない「和の国」で、そもそも明治になるまで競争という言葉すらなかった国で、「とにかく競争だ」「個人に評価主義だ」と言ってみても、日本人であることを止めることができるはずもなく、成果が上がるわけがない。

財政を家計や企業の会計と混同した「節約主義」「増税する前にやるべき歳出削減がある」との一辺倒な思考とその実践が、この国を世界で唯一、まったく経済成長しない国にしてきたことは、一九九五年転換年説で見てきたとおりである。

幕末に岡山・備中松山藩の財政を見事に立て直した山田方谷（ほうこく）は、「それよく天下の事を制する者は、ことの外に立ちて事の内に屈せず」と述べた。それは「財政の外に立ちて、財政の内に屈せず」ということであり、財政の狭い範囲で考えるのではなく、大局観をもって財政の外から考えるべきだということなのだ。

おわりに　日本人の強みは集団力

京都の老舗割烹「浜作」本店主人である森川裕之氏は、オーストリアの誇るウィーンフィルが、グローバル化という禁断の扉を開放したため、その妙音が失われたという例を挙げながら次のように述べている。

〈日本でも、グローバル化の美名の下に、「何でもかんでも改革、開放しなければならない」という一種熱病のような風潮に金融界は勿論のこと、世の中すべてが呑み込まれ、それに反意を唱えると守旧派扱いされるという、まったくおかしな時代が長く続いております。あくまでこのグローバル化と言われているものは、西洋人が構築したスタンダードであり、東洋的価値観、特に日本民族の根底にある伝統的な価値観とはまったく異質のものでありましょう。如何に日本人が独善性を振りかざそうとも、

到底西洋人のそれに太刀打ちできるものではありません〉（『新潮45』二〇一四年五月号）

日本人の価値観と感性があったからこそ、幸運な諸条件もあったけれども奇跡と言われた経済成長を達成することができたことを思い出さなければならない。日本人の価値観を捨ててわれわれが立つことができる場所など、世界のどこにもないからである。

本文でも紹介した加護野忠男教授は、「日本企業とりわけ国際市場で競争するメーカーに元気がない。売り上げが増えず、利益も出なくなっている。海外での競争にも勝てなくなっている」と指摘し、この理由を次のように説明している。

〈日本企業の迷走の兆候は大きく三つに分けることができる。第一は、戦略転換能力を失いつつあること。第二は、投資をせずに、内部留保の積み増しを重視し始めたこと。第三は、労務政策が劣化し、職場が荒廃しつつあること。その結果、従業員の企業への一体感という日本企業の固有の強みが生かせなくなってしまったのである〉（『経営はだれのものか』日本経済新聞出版社）

「自由な働き方」という美名の下で、正規雇用はいまだにほとんど伸びず、非正規雇用だけが増えている。これでは夫婦が子供を授かろうという生活レベルにはなかなか到達しない。

本文で述べたが日本人に合わない短期決算や個人評価主義が企業の本来的な積極性の成長を阻んでいる。近年の企業統治改革の罪は大きいと言わなければならない。

インターネット上で、「世界価値観調査」という五〇カ国以上で定期的に行われている意識調査に出会った。「自分が世界市民だ」と考える人の割合を国別に示したものである。

それによると日本では、「自分が世界市民だ」と認識している人がきわめて多いという。日本人の九三・七パーセントがそう思っており（「思う」人と「強く思う」人を足し合わせた割合）、それはアメリカ人の六六・九パーセント、イタリア人の六一・九パーセント、ドイツ人の五〇・七パーセントなどと比較して異常に高いものであった（『European Journal of International Relations』2015, Vol. 21）。

残念なことに、これは「日本人であること」の否定の裏返しなのだ。歌手の加藤登紀子氏は『週刊朝日』のエッセイで、「日本という言葉を発するときに、たえず嫌悪の匂いが私のなかに生まれ、その言葉から逃れたい衝動にかられる」と述べたという。

この発言は、彼女が見事な戦後教育の成果であることと、GHQ（連合国軍最高司令官総司令部）が行ったウォー・ギルト・インフォメーションが完璧な成功を収めたことの証である。しかし、日本人が日本人であることから逃れて生きていく道はない。日本人が日本人であることの誇りを捨てては、人としての誇りを保つこともできず、外国人に尊敬されるはずもない。

最近、霞ヶ関の課長クラスの人と話す機会があった。そこで、昭和二七年四月までの占領時代には、今の日本人には想像もつかないほどの厳格な情報統制・検閲がGHQによって実施されていたのだという話をしたら、誰一人としてそのことを知る者はいなかった。

高校などでの日本史では議論を避けるため、時間切れと称して戦後史を教えることがまずない。

しかし、この戦後の七年弱にも及ぶ占領時代に行われたことについての認識がないまま、「今、われわれ日本人はどこに立っているのか」を理解することは不可能だ。われわれが有史以来はじめて経験した外国人による統治に服した占領時代に、日本人は何を語ることができず、何がどのようにねじ曲げられたのかについての知識がなかったり、強大な権力を背景に行われた検閲時代の中身を振り返ることなく、私たちは平成の今を理解できないし将来のための議論も行えない。

実に不思議なことに、占領時代に行われた検閲を積極的に研究する歴史家や政治学者がほとんどいないこともあって、江藤淳氏が「閉された言語空間」と名付けたこの時期の研究は、今日でも進んでいない。この時代の言論状況は、今でも閉じたままなのである。

この時代こそ、占領軍（＝アメリカ）による日本人改造計画が実施され、それが貫徹された時代であったのだ。

今、多くの若者が、戦後になって占領軍から「言論の自由」が与えられたと考えている。しかし、日本の憲法に国民には言論の自由があると書いたその占領軍が、トンデモ級の言論弾圧・検閲を行っていたのである。占領時代に比べると、何事についても中途半端で甘い日本人が行った戦前の方がはるかに自由な言論環境を持っていたと言っても過言ではない。以下の具体事例は、主に江藤淳氏の著作『閉された言語空間――占領軍の検閲と戦後日本』（文春文庫）に依存している。

まず昭和二〇年九月一四日、同盟通信社が占領軍によって二四時間の業務停止を命令された。翌日には、「同社の通信は日本国内に限られ、同社内に常駐する米陸軍代表者によって一〇〇％の検閲を受け」るとの解除条件が突きつけられた。

昭和二〇年九月一八日、朝日新聞は四八時間の発行停止処分を受けた。続いて英字のニッポン・タイムズは、九月一九日から二四時間の発行停止処分を受けたが、これは記事が検閲に触れたからではなく、社説を事前検閲に提出しなかったためであった。一〇月一日になって、『東洋経済新報』の九月二九日号が、占領軍から回収命令を受け断裁処分されていたことが明らかとなった。

江藤氏は、

〈あたかも測り知れぬほど大きな力が、占領開始後間もない時期に、外部から日本の言論機関に加えられたかのようであった。そして、この時期を境にして、占領下の日本の新聞、雑誌等の論調に一大転換が起ったことも、実際にその紙面に当ってみればまた明らかであった〉

というのである。

六年半にわたって、新聞報道を規制した「日本新聞遵則」（放送も同様）には、「聯合軍最高司令官は日本に言論の自由を確立せんが為茲に日本出版法を発布す」と冒頭にあるが、「聯合国進駐軍に関し破壊的批評を為し又は軍に対し不信又は憤激を招来するが如き記事は一切之を掲載すべからず」とあるように、実態は厳しい検閲方針の発布だった。残念なことに、当時の日本人はまったく抵抗していない。

「削除または掲載発行禁止の対象となるもの」は三〇項目もあったが、そのごく一部の例を示すと以下の通りである。

・SCAP――連合国最高司令官（司令部）に対する批判
・連合国の戦前の政策に対する批判
・極東軍事裁判批判
・SCAPが憲法を起草したことに対する批判
　日本の新憲法起草に当ってSCAPが果した役割についての一切の言及
・検閲制度への言及
　出版、映画、新聞、雑誌の検閲が行われていることに関する直接間接の言及
・合衆国に対する批判
・ロシア、英国、朝鮮人、中国に対する批判

これに加えて、他の連合国各国への批判も検閲の対象となっており、満州にソ連軍

が侵入して行った日本人家族からの略奪の報道も削除させられた。占領軍による言論弾圧は、焚書（ふんしょ）や私信の開封までやるという、歴史的に見ても野蛮きわまりないものだった。

焚書は、秦の始皇帝の悪行の一つに数えられているが、始皇帝はこのことによって当時各種の漢字が生まれて混乱していた文字の統一を図ることを意図していたから、この焚書は後世に貢献もしている。しかし、ＧＨＱの行った焚書は思想弾圧でしかない。

当然、言葉の壁のために数千名もの日本人が検閲に参加・協力しているが、検閲官であったことは一生の秘密とされたから、今日まで名乗り出た人はごくごく少数にとどまっている。

また、ＧＨＱは巧妙にも戦前に日本人が行った検閲のように削除部分を×で置き換えたり、塗りつぶしたりするようなことは許さず、あたかも検閲などされていないかのように必ず版を組み替えさせてもいたから、どこがなぜどのように修正されたのかわかる由もなかった。

憲法形成過程についての一切の言及を封じられると、憲法そのものへの批判ができなくなるのは当然である。その結果、今日まで大きな時代環境の変化が起こってきたにもかかわらず、先進国の中でわが国だけが憲法改正議論をタブーとして平然としてきた。

講和条約によって占領が終了した後も、「占領期には、GHQにすり寄った『一大転換した報道を続けていた』」ことについて、メディアは一切頬被りし口をつぐんだままでいる。ということは、われわれはGHQ支配時代のままの言論空間に生きているということなのだ。白状も告白もないメディアの姿勢こそが、この時代についての積極的な研究や言及を封じており、日本人があの時代に何を喪失してしまったのかについて考える機会を奪っている。

GHQ時代が継続していると述べる根拠の一つが、四月二八日の意味について何も報道されないし、学校で教えられることもないことである。昭和二七年四月二八日は、日本が占領時代を終了し、真の意味で主権を回復した日であるが、このことはたとえば吉川弘文館の『日本史年表』（二〇一二年版）にはまったく記されていない。

また、メディアもこの日の意味について、ほとんど報道しないから多くの若者をはじめとして知る人がいなくなっている。主権の回復について、一切祝うことも語られることもないという現実は、占領時代の精神的継続を意味している。安倍政権はこの状況の打開に努力したが、今のところこれは成功していない。

また、ＧＨＱの検閲指針には、戦前の連合国の政策の批判を禁止していたから、こうなると悪かったのは当方だけとならざるを得ない。だから今でも戦前の連合各国の政策は正しかったが、われわれだけが間違い続けてきたという思考の型がわれわれを縛っているのである。

一部のメディアが日中・日韓の間で何か問題が生ずると、「日本の対応が悪いからだ」と書くのは、ＧＨＱコードをそのまま引きずっているからなのだ。

われわれは明治になって江戸時代を否定した。その結果、江戸時代の文化を日本人自らが軽んじて、貴重な浮世絵や仏像・絵画などが海外に流出した。印刷直後の鮮明な色の江戸時代の浮世絵は、現在はボストン美術館でしか見ることができない有様である。

しかし、戦後は戦前の否定では終わらなかった。日本そのもの、歴史も精神を含むすべてのものを否定された。これを放置したままでは、われわれ日本人は根無し草として世界に漂う存在であり続けるしかないとの認識が必要なのである。

日本はいつからか「日本になった」のではなく、初めから日本だった。過去に「建国理念」を宣言したり、独立宣言や人権宣言を持ってきた国柄ではない。移民して行った人々が建国したアメリカはもちろん、ドイツにしてもフランスにしても、戦争や革命などを経て、「現在の国になった」のだが、世界の中でほとんど唯一、日本は「現在につながる国が昔からあった」のである。

だから日本の歴史の中で何か建国宣言に該当しそうなものを探しても、せいぜい明治初めの「五箇条のご誓文」に突き当たるくらいである。

しかし、ここには「広く会議を興し、万機公論に決すべし」とあるように、皆でよく話し合っていくべきと示されてはいるけれども、どのような国を造っていくのかについては普遍的な理念を示しているわけではない。「智識を世界に求め、大に皇基を振起すべし」が相当するとの説もあるが。そのためもあって、「わが国とはどういう国なのか」について関心を持つ若者もきわめて少ない。しかし、これからの国と国との関係が深まる時代にこれでいいのだろうか。

「日本は万世一系の国」だなどと言えば、若い人でなくても「そんなのは敗戦で総括されてしまった過去の物語だ」と一蹴されるのが落ちだというのが現状だろう。

しかし、われわれがアメリカの独立宣言やフランスの人権宣言といった建国理念を持たないで存在できているのは、「日本という国は連綿と続いてきたし、また続いていく国なのだ」という「理念」があるからである。ほとんど神代の世界の人である神武天皇以来、一系で続いてきた歴史があり、その歴史の延長上に将来があるという「信仰」が、わが国の立国理念なのである。

もちろん、連続する一系と言えば、「ハックニシラススメラミコト」（「初めて国を治めた天皇」という意味をもつ）という天皇が二人も存在するのはなぜなのかとか、継体天皇はどう考えるのかとか、いろいろ連続性についての議論はあるが、「連続してきたとする歴史観」がわれわれを支えているのは間違いない。

これを、今の若い人はほとんどないがしろにしているし、シニアの人々もこれへの関心をアンタッチャブルにしているところに、われわれの世界潮流からの浮遊感の根源がある。

若い人は、イギリスやスペインなどにも伝統ある王様がいて日本と変わらないではないかと考えているだろうが、それは「彼らは万世一系という信仰を持てない」という意味で決定的に異なっているのである。

イギリス・イングランドを例に見てみよう（『日本人のための世界史入門』小谷野敦著、新潮新書による）。

イングランドは九世紀前半にウェセックス王エグベルトが初めて統一、その後二度にわたってデーン人がデンマーク王兼イングランド王となり、一〇一六年からクヌート大王がデーン朝を建てた。

しかし、一〇六六年にはノルマンディーのウィリアム王が征服した。その後、イングランドとフランスにまたがる王国ができたりした。

イングランド王を継いだのは、次々と海外からやってきた国王であった。フランスのアンジュー家、フランスのテューダー家、スコットランドのスチュワート家、オランダのオランイェ公、ドイツのハノーヴァー家と、外国人国王が続いて今日に至っているというのである。

イングランドの王様が異国出身者で充ち満ちているのは驚くばかりで、われわれの感覚では、「なぜ自国の王として受け入れることができるのか」という感じなのだ。それはイングランドに限らない。

ヨーロッパの多くの国々が過去に何度も外国から王を迎えた様子は、われわれには実に奇妙な話だとしか思えないが、それはやはりわれわれが心の底で、天皇の万世一系性を受け入れているからである。

天皇はヨーロッパなどの王様とはまったく異なる存在なのであることをよく理解しておかなければ、日本には建国理念がないなどという持つ必要もないコンプレックスに悩むことになる。意識するかどうかは別にして万世一系はわが国の立国のイデオロギーとなっているのである。

先の世界市民アンケート結果は、いまだに戦後教育が生きていることを証明している。しっかりと歴史を踏みしめて世界に日本と日本人を示していく以外にわれわれの生きる道はない。海外の長所を取り入れるのならまだしも、海外の制度・システムの単純な模倣は、これだけ異なる経験をしてきたわれわれにはうまくなじむはずがない。

わが国土の自然条件、つまり地理的条件や気象的条件、さらに位置的条件によって、世界中の他の国民や民族と相当に異なる経験をしてきたのがわれわれ日本人であることがわかった。

そのことが、西洋人や中国人とはきわめて特異と言えるほどのわれわれの考え方・

感じ方を育んできた。これは、良いとか悪いとかといった問題ではなく、まして優れているとか後れているという問題でもない。

そのような混同をする向きもあるが、そうではなく単純に「違っている、異なっている」ということなのである。これをしっかりと基本的な立脚点として捉えておかないと、経済学者などにありがちな「われわれは後れている」認識につながり、したがってそこから出てくる処方箋がまるで間違ってしまう原因となる。

本文で指摘したように、この認識間違いを一九九五年以降一貫して続けてきたため、自信と誇りを失った民に転落しかかっている。

われわれは何を経験し、どのようにまとまってきた民なのかという「日本人であること」から再出発することなく、矜恃を取り戻すことなどできるわけがない。矜恃のない民が他民族から尊敬されるはずもない。

日本は今でこそ成長しない経済のもとで呻吟しているが、かつては世界の奇跡とまでいわれた経済成長を続け、ジャパン・アズ・ナンバーワンともてはやされたこともある。

このことを「単に人口が増大していただけで、人口ボーナスをもらったに過ぎないのだ」と言う向きもあるが、人口が急増している地域や国の多くが経済成長しないいま、人口増と経済の停滞による貧困化に苦しんでいるのが現実だ。

世界情勢が安定的だったなどの幸運な外的要因があったことは事実だとしても、この高度成長はやはりわれわれの努力で勝ち取ったものと言える。それではわれわれの持つどのような才能というか能力というか、人的な特性がこれを可能としたのであろうか。

失われた時代に別れを告げ、日本が再度羽ばたくためには、われわれの強みと弱みをよく分析・自覚し、強みを破壊した原因を取り除き、意識的に弱みをカバーする工夫や努力をしなければならない。

すでに述べてきたように、われわれは「仲間と共同して働く」ことで力を発揮し、また「自分の努力が仲間への貢献となる」ことに至福を感じてきた。それは、われわれが特に駅伝を好み、大学や地域などの名誉を懸けて頻繁に開催していることからもわかる。個人の成果が評価されず、個人の努力が結果にすべて反映されるわけではない駅伝を外国人が好むはずもない。

この日本人の強みである特性を、新自由主義経済の主流化が破壊した。経済活動の自由こそがすべてのこの経済学は、当然「小さな政府」「緊縮財政」「規制緩和」「自由化」「民営化」など政府の関与を否定する。

こうして「個人評価」「短期評価」が「仲間で成果を出していく」ことを否定し、中長期的な俯瞰的な思考を封じて近視眼的な考え方を強要してきた。企業統治制度も日本人には合わない制度改正が進められてきたことは、すでに紹介した。

われわれが取り戻すべきは、他国民が決してまねできない「集団力の発揮」なのである。お互いの助け合いによって、個人の能力の合計値を超える力を発揮してきたのがわれわれなのである。

参加意識、当事者意識を持った組織構成員の集団パワーがこの国を再生するのである。

戦後教育などによって失われてきた「日本人」を取り戻さなければならない。そうして、日本人を原点とすることこそが、唯一の世界へ雄飛する道である。

参考文献

『アメリカはいかにして日本を追い詰めたか　「米国陸軍戦略研究所レポート」から読み解く日米開戦』ジェフリー・レコード、渡辺惣樹訳（草思社）
『今こそ知っておきたい「災害の日本史」　白鳳地震から東日本大震災まで』岳真也（PHP文庫）
『江戸の遺伝子　いまこそ見直されるべき日本人の知恵』徳川恒孝（PHP文庫）
『大江戸開府四百年事情』石川英輔（講談社文庫）
『ガリア戦記』カエサル、國原吉之助訳（講談社学術文庫）
『下流志向　学ばない子どもたち働かない若者たち』内田樹（講談社文庫）
『官僚がバカになったから日本は「没落」したのか』原山擁平（双葉新書）
『飢饉　飢えと食の日本史』菊池勇夫（集英社新書）
『気候で読み解く日本の歴史　異常気象との攻防1400年』田家康（日本経済新聞出版社）
『恐慌の罠　なぜ政策を間違えつづけるのか』ポール・クルーグマン、中岡望訳（中央公論新社）
『グローバリゼーション・パラドクス　世界経済の未来を決める三つの道』ダニ・ロドリック、柴山桂太ほか訳（白水社）
『経営はだれのものか　協働する株主による企業統治再生』加護野忠男（日本経済新聞出版社）
『現在知Vol．2　日本とは何か』萱野稔人編（NHKブックス）
『「権力社会」中国と「文化社会」日本』王雲海（集英社新書）
『最後の親鸞』吉本隆明（ちくま学芸文庫）
『殺戮の世界史　人類が犯した100の大罪』マシュー・ホワイト、住友進訳（早川書房）
『周恩来秘録　党機密文書は語る〈上・下〉』高文謙、上村幸治訳（文春文庫）
『詳説日本史研究』五味文彦ほか編（山川出版社）

『昭和史　1926－1945』半藤一利（平凡社ライブラリー）
『白洲次郎の日本国憲法』鶴見紘（光文社知恵の森文庫）
『新訳 フランス革命の省察 「保守主義の父」かく語りき』エドマンド・バーク、佐藤健志編訳（PHP研究所）
『森林飽和　国土の変貌を考える』太田猛彦（NHKブックス）
『すらすら読める方丈記』中野孝次（講談社文庫）
『世界史大年表』青山吉信ほか編（山川出版社）
『世界の憲法集（第四版）』阿部照哉ほか編（有信堂）
『世界を戦争に導くグローバリズム』中野剛志（集英社新書）
『泉光院江戸旅日記　山伏が見た江戸期庶民のくらし』石川英輔（ちくま学芸文庫）
『第二次大戦回顧録 抄』ウィンストン・チャーチル、毎日新聞社編訳（中公文庫）
『大本営参謀の情報戦記　情報なき国家の悲劇』堀栄三（文春文庫）
『知性の構造』西部邁（ハルキ文庫）
『中世ヨーロッパの城の生活』ジョゼフ・ギースほか、栗原泉訳（講談社学術文庫）
『中世ヨーロッパの都市の生活』ジョゼフ・ギースほか、青島淑子訳（講談社学術文庫）
『中世ヨーロッパの都市世界』河原温（山川出版社）
『DNAでたどる日本人10万年の旅　多様なヒト・言語・文化はどこから来たのか？』崎谷満（昭和堂）
『知性の構造』
『TPP 黒い条約』中野剛志編（集英社新書）
『なにがケインズを復活させたのか？　ポスト市場原理主義の経済学』ロバート・スキデルスキー（日本経済新聞出版社）
『21世紀日本の情報戦略』坂村健（岩波書店）
『日本語の正体　倭の大王は百済語で話す』金容雲（三五館）
『日本人のための世界史入門』小谷野敦（新潮社）
『日本人の法意識』川島武宜（岩波新書）

『日本人は災害からどう復興したか　江戸時代の災害記録に見る「村の力」』渡辺尚志（農山漁村文化協会）
『日本人はなぜ「小さないのち」に感動するのか』呉善花（WAC BUNKO）
『日本神話の源流』吉田敦彦（講談社学術文庫）
『日本の古代〈3〉　海をこえての交流』大林太良編（中公文庫）
『日本文明とは何か　パクス・ヤポニカの可能性』山折哲雄（角川叢書）
『日本辺境論』内田樹（新潮新書）
『日本歴史災害事典』北原糸子ほか編（吉川弘文館）
『日本を思ふ』福田恆存（文春文庫）
『脳力のレッスン　正気の時代のために』寺島実郎（岩波書店）
『働かないアリに意義がある　社会性昆虫の最新知見に学ぶ、集団と個の快適な関係』長谷川英祐（メディアファクトリー新書）
『普通の家族がいちばん怖い　崩壊するお正月、暴走するクリスマス』岩村暢子（新潮文庫）
『フランス史』福井憲彦編（山川出版社）
『文明の衝突』サミュエル・ハンチントン、鈴木主税訳（集英社）
『封建制の文明史観　近代化をもたらした歴史の遺産』今谷明（PHP新書）
『僕たちは戦後史を知らない　日本の「敗戦」は4回繰り返された』佐藤健志（祥伝社）
『街場のメディア論』内田樹（光文社新書）
『読む年表　中国の歴史』岡田英弘（WAC BUNKO）
『転落の歴史に何を見るか　奉天会戦からノモンハン事件へ』齋藤健（ちくま新書）
『論考 江戸の橋　制度と技術の歴史的変遷』松村博（鹿島出版会）
『忘れられた日本人』宮本常一（岩波文庫）
"City Walls: The Urban Enceinte in Global Perspective" James D. Tracy, Cambridge University Press

大石久和（おおいし・ひさかず）

1945年、兵庫県生まれ。1970年、京都大学大学院工学研究科修士課程修了。同年、建設省入省、建設省道路局長、国土交通省技監等を歴任。2004年退官後、国土技術研究センター理事長、土木学会会長などを経て、全日本建設技術協会会長、国土学総合研究所所長（オリエンタルコンサルタンツ最高顧問）を兼務。専攻・国土学。
著書に『国土と日本人』（中公新書）、『築土構木の思想――土木で日本を建てなおす』（共著、晶文社）、『歴史の謎はインフラで解ける　教養としての土木学』（共著、産経新聞出版）など。

［新版］国土が日本人の謎を解く

令和4年1月20日　第1刷発行

著　　者　大石久和
発 行 者　皆川豪志
発 行 所　株式会社産経新聞出版
〒100-8077 東京都千代田区大手町 1-7-2
産経新聞社8階
電話　03-3242-9930　FAX　03-3243-0573
発　　売　日本工業新聞社　電話　03-3243-0571（書籍営業）
印刷・製本　株式会社シナノ

ISBN 978-4-8191-1408-0　C0095